UNE ŒUVRE
UN PARCOURS

Jean de La Fontaine

Fables
Livres VII à XI

PARCOURS | Imagination et pensée au XVIIe siècle

Anne Cassou-Noguès

Agrégée de Lettres modernes

Nathan

Sommaire

REPÈRES

L'œuvre et le parcours associé

L'ŒUVRE

LE PARCOURS ASSOCIÉ

Imagination et pensée au XVIIe siècle

ISBN : 978 209 186493-4

Méthode

Objectif BAC

Apprendre et réviser

La dissertation

L'oral

REPÈRES

La Fontaine

1 L'auteur

→ Les origines du poète

• La Fontaine naît en 1621 à Château-Thierry, dans l'Aisne. C'est de cette vie à la campagne que vient sa connaissance des animaux qui peuplent ses fables.

• Il part ensuite à Paris pour faire ses études. Là, il découvre une religion stricte proche du protestantisme, le jansénisme, et se retire même pendant un temps dans un cloître ; mais en réalité, il préfère fréquenter les cabarets et les poètes !

• Toutefois, le père du jeune homme lui demande de se ranger. La Fontaine se marie en 1647 avec une jeune fille fortunée et acquiert en 1652 la charge de maître des eaux et forêts : il est responsable du contrôle, de la surveillance et de l'exploitation d'une partie des forêts royales.

• Heureusement, La Fontaine ne renonce pas à l'écriture. En 1657, il rencontre Nicolas Fouquet qui devient son mécène : en échange d'une pension mensuelle, La Fontaine compose des vers pour Fouquet. À Vaux-le-Vicomte, chez son protecteur, il fréquente de nombreux artistes et savoure le charme de somptueuses fêtes. Mais en août 1661, Louis XIV, qui trouve Fouquet bien trop ambitieux, le fait arrêter. La Fontaine doit trouver ailleurs soutien et inspiration.

→ Une situation financière précaire

• La Fontaine cherche de nouveaux appuis : parmi eux, citons Madame de la Sablière. Grâce à elle, il fait la connaissance de nombreux intellectuels de son temps, mais elle ne lui apporte aucune aide financière. La dernière fable du livre VIII lui est adressée.

Le saviez-vous ?

Sous l'Ancien Régime, les fonctions et les charges ne sont pas attribuées au mérite, mais contre paiement !

Le salon de Madame de la Sablière

Dans le salon de Madame de la Sablière, La Fontaine rencontre des disciples de Gassendi, un philosophe dont les théories sont proches de celles d'Épicure : il faut savoir jouir du moment présent et modérer ses désirs.

● La Fontaine publie donc de nombreux ouvrages, avec des succès divers. Deux grands succès : les *Contes et Nouvelles en vers* en 1665, 1666 et 1671 et le premier recueil des *Fables* en 1668. Mais *Les Nouveaux Contes de Monsieur de La Fontaine* sont interdits parce jugés trop frivoles dans une France très catholique. Dès lors, La Fontaine n'a plus de ressources. Il est même contraint de revendre sa charge de maître des eaux et forêts.

● Il place donc beaucoup d'espoir dans la publication de son second recueil de *Fables* de 1678 (les actuels livres VII à XI), dédicacé à Madame de Montespan. Cette dernière n'est pas seulement une femme intelligente, susceptible d'apprécier les fables, c'est aussi la favorite du roi.

● Malheureusement, le second recueil des *Fables* ne connaît pas le même succès que le précédent. Peut-être est-il trop exigeant ? Ou lui manque-t-il l'effet de surprise dont avait bénéficié le premier ? Cela n'empêche pas La Fontaine d'être élu à l'Académie française en 1683.

→ Un auteur que rien n'assagit

● La Fontaine s'essaie à plusieurs genres littéraires : théâtre, poèmes qui célèbrent les victoires du roi…

● Sa position morale et religieuse reste ambiguë : il soutient les princes de Conti, qui sont libertins, mais se tourne ensuite vers une religion très austère.

● Il meurt en 1695.

Quiz

1. **Qui fut le premier mécène de La Fontaine ?**
2. **Pourquoi Louis XIV le fit-il arrêter ?**
3. **En quelle année La Fontaine publie-t-il le premier recueil des *Fables* ? Le second ?**
4. **À qui dédicace-t-il les livres VII à XI des *Fables* ?**

La Fontaine et Louis XIV

La Fontaine n'a pas de chance dans ses relations avec Louis XIV. Au moment où il dédicace ses *Fables* à Madame de Montespan, le Roi lui préfère la jeune et belle Mademoiselle de Fontanges !

Le saviez-vous ?

Pour son discours d'entrée à l'Académie française, La Fontaine choisit une fable : « Le Renard, le Loup et le Cheval » (livre XII).

2 Le contexte historique : le Roi-Soleil au pouvoir

→ Un pouvoir absolu

• Louis XIV a quatre ans lorsqu'il succède à son père en 1643 : c'est sa mère, Anne d'Autriche, qui exerce la régence, avec l'aide de Mazarin, Premier ministre. Pendant cette période tourmentée, les Grands du royaume s'insurgent contre l'autorité : c'est ce qu'on appelle la Fronde. De ce fait, lorsque Louis XIV commence à exercer le pouvoir, il décide de renforcer l'absolutisme royal : il gouvernera seul, sans Premier ministre.

• La noblesse est isolée à la cour, à Versailles, où le Roi-Soleil s'installe en 1682. La Fontaine dans le second recueil de ses *Fables* s'en prend aussi bien à l'absolutisme royal (« La Cour du Roi », VII, 6) qu'à l'ambition sans limite des courtisans (« Le Lion, le Loup et le Renard », VIII, 3).

Citation à retenir

« Je définis la cour un pays où les gens / Tristes, gais, prêts à tout, à tout indifférents, / Sont ce qu'il plaît au Prince, ou, s'ils ne peuvent l'être, / Tâchent du moins de le paraître. »

« Les Obsèques de la Lionne », VIII, 14

→ Un début de règne éclatant

• Sur le plan économique, Colbert, contrôleur général des finances, mène une politique de développement industriel afin de promouvoir la production – notamment textile. Il développe aussi le commerce maritime.

• De plus, Louis XIV remporte de nombreuses victoires et affirme sa position en Europe. C'est ainsi que la guerre de Hollande (1672-1679) s'achève par le rattachement de la Franche-Comté au royaume de France. La Fontaine appelle la paix de ses vœux.

Citation à retenir

« Ô peuple trop heureux, quand la paix viendra-t-elle / Nous rendre, comme vous, tout entiers aux beaux-arts ? »

« Un Animal dans la Lune », VII, 19

• Louis XIV est convaincu du rôle politique que doivent jouer les arts. Il souhaite les encadrer afin qu'ils célèbrent la puissance royale. Il préside l'Académie française, créée en 1635, mais aussi l'Académie royale de peinture et d'architecture, et il attribue des pensions aux artistes comme

Le saviez-vous ?

▶ Sous l'Ancien Régime, l'autorisation d'imprimer un ouvrage était donnée par la censure royale. C'est ce qu'on appelait le privilège du roi.

Molière, devenant ainsi le premier mécène du royaume. Il faut obtenir le privilège du roi pour imprimer un texte. L'Église, elle aussi, peut faire interdire un ouvrage qui lui paraît immoral ou contraire aux préceptes religieux.

→ Une fin de règne maussade

- Les guerres vident les caisses du royaume et les famines accentuent les difficultés financières, laissant la France exsangue.
- En 1685, Louis XIV révoque l'Édit de Nantes : désormais, les protestants ne peuvent plus exercer librement leur culte.
- Les guerres de la Ligue d'Augsbourg (1688-1697) et de la Succession d'Espagne (1701-1714), qui opposent la France à l'ensemble des puissances européennes, marquent un recul de la puissance française.
- Quant à Louis XIV, malgré la maladie, il continue à exercer le pouvoir d'une main de fer dans une France très centralisée. Il se tourne vers une religion plus austère et une morale plus stricte, entraînant la cour avec lui dans cette mutation.

Le saviez-vous ?

▸ À sa mort, Louis XIV laisse le pouvoir à son arrière-petit-fils, qui n'est alors âgé que de cinq ans. Le pouvoir est donc délégué au « Régent» Philippe d'Orléans, son cousin, jusqu'à 1723. Louis XV prend les rênes du gouvernement alors qu'il entre dans sa quatorzième année.

Quiz

1. **Qu'est-ce que la Fronde ?**
2. **Quand la cour s'installe-t-elle à Versailles ?**
3. **Qui est le contrôleur général des finances de Louis XIV ?**
4. **Quelles sont les conséquences de la révocation de l'Édit de Nantes ?**

3 Le contexte culturel : le classicisme

→ À l'origine du mouvement

- Le classicisme naît d'une volonté de réagir contre la grossièreté qui règne à la cour d'Henri IV et encore de Louis XIII. Pour que l'on agisse de manière plus raffinée, il faut instaurer des règles de conduite qui visent une plus grande élégance.

Les salons

▸ Catherine de Vivonne, outrée par la grossièreté qui règne à la cour, achète en 1620 un hôtel particulier, l'hôtel de Rambouillet, dans lequel elle accueille des aristocrates lettrés. Dans son salon, on lit des pièces et les convives jouent à des jeux littéraires.

Citation à retenir

« La fin principale de [l'œuvre d'art] est de profiter, non seulement en délassant l'esprit […] mais bien davantage encore en purifiant les mœurs ».

Rapin, *Réflexions sur la poétique et sur les ouvrages des poètes anciens et modernes*, 1684

- Le classicisme a trois piliers : politique (il faut célébrer la monarchie absolue), éthique (il faut préconiser le Bien) et esthétique (il faut viser le Beau). L'œuvre classique doit donc plaire et instruire.
- Louis XIV souhaite encadrer les arts pour les mettre au service de la puissance royale. Les arts deviennent un outil de propagande politique, mais ils ont aussi un objectif moral : ils doivent rendre les hommes meilleurs, plus vertueux.
- On ne parle pas seulement de classicisme en littérature. Versailles est l'écrin dans lequel peuvent briller tous les arts classiques : architecture, peinture, art des jardins…

→ Les principes de l'esthétique classique

- Les œuvres classiques doivent respecter la vraisemblance : il s'agit d'une exigence intellectuelle. Si l'historien se doit de dire le vrai, l'artiste, au contraire, se doit d'imaginer une intrigue conforme à l'idée que le public se fait de la réalité.
- Autre règle à respecter : la bienséance, une exigence morale. L'œuvre d'art ne doit en aucun cas représenter la violence ou la vie dans ce qu'elle a de trivial. Il faut proscrire par exemple tout ce qui a trait au corps (la sexualité, les combats, la mort).
- La langue classique est conçue comme pure et simple. L'idée de naturel triomphe.

Citation à retenir

Ce que l'on conçoit bien s'énonce clairement,
Et les mots pour le dire arrivent aisément.

Boileau, *Art poétique*, chant I, 1674

→ La querelle des Anciens et des Modernes

- Si les auteurs classiques reconnaissent tous la grandeur de l'Antiquité, on observe pourtant deux tendances. D'une part, les Anciens sont pour une imitation respectueuse des arts antiques. Ce sont pour la plupart des courtisans, qui hantent les couloirs et les galeries de Versailles. Leur admiration de l'Antiquité va de pair avec une critique aigrie des mœurs contemporaines. D'autre part, les Modernes nuancent leur dévouement à l'Antiquité. On les rencontre plutôt dans les salons parisiens.

• C'est Charles Perrault, dans le clan des Modernes, qui met le feu au poudre en présentant à l'Académie, en 1687, *Le Siècle de Louis le Grand,* ouvrage dans lequel il affirme que le règne de Louis XIV verra des artistes capables d'égaler, voire de surpasser, leurs modèles grecs ou latins. La Fontaine, qui commence à écrire ses fables en traduisant celles d'Ésope, se range du côté des Anciens, mais il est toutefois très nuancé.

Citation à retenir

« Mon imitation n'est point un esclavage. »

La Fontaine, *Épitre à Huet*, 1687

Quiz

1. **Quels sont les objectifs d'une œuvre classique ?**
2. **Sur quels principes repose-t-elle ?**
3. **En vous appuyant sur vos connaissances des classes antérieures, essayez de trouver des noms d'artistes qui appartiennent au camp des Anciens, puis des Modernes.**

4 Le contexte culturel : l'honnête homme

L'idéal de l'honnête homme parcourt toute la littérature classique.

→ L'honnêteté morale

• L'honnête homme est doté de qualités physiques : il est vaillant, comme un bon guerrier, mais il sait aussi s'habiller avec élégance de manière à être un parfait invité lors des soirées mondaines.

• Il a bien sûr des qualités intellectuelles : sa culture et ses connaissances sont importantes mais il ne les étale pas. Il sait au contraire rester discret grâce à sa parfaite maîtrise du langage.

• Enfin, et surtout, l'honnête homme est vertueux. Il se maîtrise et ne se laisse pas aller à ses passions. En ce sens, il est toujours mesuré et recherche le juste milieu. Il est toujours modeste et fait preuve de lucidité quant à ses faiblesses.

Citation à retenir

« Ce qui le mettait au-dessus des autres était une valeur incomparable, et un agrément dans son esprit, dans son visage et dans ses actions que l'on a jamais vu qu'à lui seul. »

(portrait du duc de Nemours, honnête homme.)

Madame de Lafayette, *La Princesse de Clèves*, 1678

→ L'honnêteté mondaine

Citation à retenir

« Amusez les rois par des songes, / Flattez-les, payez-les d'agréables mensonges »

« Les Obsèques de la Lionne », VIII, 14

• Sous Louis XIV, le modèle de l'honnête homme évolue vers un nouveau type, le courtisan. Ce dernier est soucieux de plaire au souverain afin de réussir.

• Dès lors, il cultive moins l'honnêteté que l'apparence de l'honnêteté. L'art du paraître prend le pas sur la vertu. La société de cour est fondée sur la dissimulation. Il est désormais difficile de savoir où est la frontière entre politesse sincère et intérêt, entre attention à l'autre et flatterie.

→ Le regard du moraliste

• Sous cette apparence d'honnêteté, le moraliste sait reconnaître l'homme corrompu. En ce siècle très catholique, on ne peut ignorer les péchés de l'homme. Les jansénistes, influencés par la pensée de saint Augustin, décèlent sous les dehors de l'honnête homme trois concupiscences : l'amour-propre (l'orgueil qui porte à s'aimer soi-même au lieu d'aimer Dieu), la curiosité (un intérêt pour le monde et non pour Dieu), et la volupté (qui consiste à rechercher le plaisir du corps au lieu de la pureté de l'esprit).

• Le moraliste cherche donc à peindre l'homme tel qu'il est réellement, afin qu'il puisse s'élever et accéder à une forme sincère et lucide d'honnêteté.

Citation à retenir

« Les faux honnêtes gens sont ceux qui déguisent leurs défauts aux autres et à eux-mêmes.
Les vrais honnêtes gens sont ceux qui les connaissent parfaitement et les confessent. »

La Rochefoucauld, *Maximes*, maxime 202, 1664

L'œuvre et le parcours associé

L'ŒUVRE Les *Fables* de La Fontaine

LE PARCOURS ASSOCIÉ

Imagination et pensée au XVIIe siècle

L'ŒUVRE

1 Pour entrer dans l'étude

A Les *Fables* dans l'histoire littéraire

- L'œuvre de La Fontaine s'inscrit dans une double tradition. D'une part, il est d'usage au XVIIe siècle de traduire les fables de l'Antiquité, en particulier celles d'Ésope. D'autre part, les moralistes perçoivent tout le bénéfice qu'ils peuvent tirer de l'apologue. La Fontaine hérite de ces deux influences et innove par le tour poétique qu'il donne à ses textes. Il n'invente pas la fable, mais la pare d'atours qui la rendent bien plus séduisante.
- Après le succès du premier recueil qui avait su charmer Louis XIV et toucher le public, le second ne bénéficie pas de l'effet de surprise et de l'attrait de la nouveauté. Il rebute peut-être aussi le lecteur par la longueur des fables, plus complexes que celles des premiers livres.
- Certains toutefois admirent ces nouvelles fables. C'est le cas de la marquise de Sévigné qui les qualifie de « sublimes ».
- Dans la postérité du recueil, il convient de mentionner un nom : celui de Jean-Jacques Rousseau. Philosophe du XVIIIe siècle, il critique ouvertement l'œuvre de La Fontaine. Dans l'*Émile*, ouvrage qu'il consacre aux questions d'éducation, il présente la lecture des fables comme dangereuse pour les enfants, qui risquent non seulement de ne pas comprendre leur portée morale, mais même d'éprouver de la sympathie pour les personnages immoraux.
- Mise à part cette exception notable, les fables ont rencontré au fil des siècles et aujourd'hui encore un important succès. Elles font l'objet de nombreuses réécritures, par Jean Anouilh ou Raymond Queneau par exemple.

Citation à retenir

« On fait apprendre les fables de La Fontaine à tous les enfants, et il n'y en a pas un seul qui les entende. Quand ils les entendraient, ce serait encore pis ; car la morale en est tellement mêlée et si disproportionnée à leur âge, qu'elle les porterait plus au vice qu'à la vertu. »

J.-J. Rousseau, *Émile*, 1762

B Le parcours associé : Imagination et pensée au XVIIe siècle

• Des philosophes comme Descartes et des moralistes comme Pascal condamnent l'imagination, « cette maîtresse d'erreur et de fausseté », en ce qu'elle « fait croire, douter et nier la raison » (Pascal). Elle est en effet liée aux sens qui sont trompeurs. Au regard de ce conflit entre imagination et pensée, on peut donc se demander pourquoi le parcours s'intitule « pensée et imagination » : n'aurait-il pas fallu le nommer « pensée ou imagination » ou « pensée *vs* imagination » ?

• Si l'on étudie les *Fables* au regard de ce parcours, il s'agit donc de voir comment la pensée et l'imagination se lient dans l'apologue. Dans une première approche, on voit bien que le récit, qui compose le corps de la fable, est plein d'imagination et que la morale, l'enseignement de la fable, explicite une pensée. Toutefois, on ne peut se limiter à cette articulation.

• On peut donc s'interroger sur les problématiques suivantes :

→ **L'imagination contribue-t-elle à l'émergence de la pensée ?**

→ **L'imagination est-elle seulement un procédé rhétorique destiné à rendre une pensée accessible ?**

→ **L'imagination est-elle secondaire par rapport à la pensée ?**

→ **Comment les apologues associent-ils pensée et imagination ?**

L'imagination

C'est la capacité de former des images. On peut distinguer une **imagination reproductrice**, qui consiste à évoquer par des images des objets déjà vus ou des situations déjà vécues, et l'**imagination créatrice**, qui suscite des images d'objets inconnus ou irréels, ou associés dans des combinaisons inédites. Dans le domaine des beaux-arts, l'imagination est la capacité à créer des images et des formes nouvelles.

Quiz

1. **Dans quelle tradition s'inscrit La Fontaine lorsqu'il publie ses *Fables* ?**
2. **Avez-vous appris des fables de La Fontaine quand vous étiez plus jeune ? À quel recueil appartenaient-elles ? Quelles conclusions pouvez-vous en tirer ?**
3. **Donnez une définition de l'imagination. À quoi l'associez-vous ?**
4. **En quoi l'imagination peut-elle s'opposer à la pensée ?**

2 Lecture tabulaire des fables

Les tableaux ci-dessous vont vous permettre de repérer les fables sur lesquelles vous concentrer pour traiter tel ou tel sujet de dissertation : essayez de lire avec attention deux fables sur le pouvoir et la satire de la cour, deux fables sur la nature humaine, deux sur la critique de la société, apprenez deux ou trois morales explicites de formes différentes.

LIVRE VII

TITRE DE LA FABLE	THÈME				PLACE DE LA MORALE			FORME DE LA MORALITÉ			
	La nature humaine	Les relations entre les hommes	La cour	Références à la philosophie	Au début	À la fin	Absente	Constat	Adresse au lecteur, mise en garde	Forme interrogative	Intervention directe du fabuliste
1. Les Animaux malades de la peste			✓			✓			✓		
2. Le mal marié	✓				✓			✓			✓
3. Le Rat qui s'est retiré du monde		✓				✓				✓	✓
4. Le Héron		✓				✓			✓		✓
5. La Fille		✓					✓				✓
6. Les Souhaits	✓						✓				
7. La Cour du Lion			✓						✓		
8. Les Vautours et les Pigeons											
9. Le Coche et la Mouche		✓				✓		✓			
10. La Laitière et le pot au lait	✓					✓		✓		✓	✓
11. Le Curé et la Mort	✓						✓				
12. L'Homme qui court après la fortune…	✓				✓					✓	✓
13. Les deux Coqs	✓					✓		✓			
14. L'Ingratitude et l'Injustice	✓					✓		✓			✓
15. Les Devineresses		✓			✓	✓		✓			✓
16. Le Chat, la Belette et le petit Lapin		✓				✓		✓			
17. La Tête et la Queue du Serpent		✓	✓					✓			
18. Un Animal dans la Lune			✓	✓		✓				✓	✓

LIVRE VIII

TITRE DE LA FABLE	THÈME				PLACE DE LA MORALE			FORME DE LA MORALITÉ			
	La nature humaine	Les relations entre les hommes	La cour	Références à la philosophie	Au début	À la fin	Absente	Constat	Adresse au lecteur, mise en garde	Forme interrogative	Intervention directe du fabuliste
1. La Mort et le Mourant	✓				✓	✓		✓	✓		✓
2. Le Savetier et le Financier		✓					✓				
3. Le Lion, le Loup et le Renard			✓			✓			✓		
4. Le Pouvoir des Fables				✓		✓		✓			✓
5. L'Homme et la Puce	✓				✓			✓			
6. Les Femmes et le Secret	✓							✓			✓
7. Le Chien qui porte à son cou le dîné de son Maître	✓				✓			✓			
8. Le Rieur et les Poissons		✓			✓			✓			✓
9. Le Rat et l'Huître	✓	✓				✓		✓			
10. L'Ours et l'Amateur des jardins		✓				✓		✓			
11. Les deux Amis		✓				✓				✓	
12. Le Cochon, la Chèvre et le Mouton	✓					✓		✓			
13. Tircis et Amarante		✓				✓		✓			✓
14. Les Obsèques de la Lionne			✓			✓			✓		
15. Le Rat et l'Éléphant		✓			✓			✓			
16. L'Horoscope				✓		✓		✓			✓
17. L'Âne et le Chien		✓			✓	✓		✓			✓
18. Le Bassa et le Marchand		✓				✓		✓			
19. L'avantage de la science		✓				✓			✓		
20. Jupiter et les Tonnerres			✓				✓				
21. Le Faucon et le Chapon		✓			✓				✓		✓
22. Le Chat et le Rat		✓					✓				
23. Le Torrent et la Rivière	✓					✓		✓			
24. L'Éducation	✓					✓		✓			
25. Les deux Chiens et l'Âne mort	✓				✓	✓		✓			✓
26. Démocrite et les Abdéritains				✓		✓				✓	✓
27. Le Loup et le Chasseurs	✓				✓				✓		✓

LIVRE IX

TITRE DE LA FABLE	THÈME				PLACE DE LA MORALE			FORME DE LA MORALITÉ			
	La nature humaine	Les relations entre les hommes	La cour	Références à la philosophie	Au début	À la fin	Absente	Constat	Adresse au lecteur, mise en garde	Forme interrogative	Intervention directe du fabuliste
1. Le Dépositaire infidèle		✓		✓	✓	✓		✓			✓
2. Les deux Pigeons		✓				✓			✓		✓
3. Le Singe et le Léopard			✓			✓		✓			
4. Le Gland et la Citrouille				✓	✓			✓			
5. L'Écolier, le Pédant et le Maître d'un jardin		✓				✓					✓
6. Le Statuaire et la Statue de Jupiter	✓					✓		✓			
7. La Souris métamorphosée en fille				✓		✓			✓		✓
8. Le Fou qui vend la Sagesse			✓						✓		✓
9. L'Huître et les Plaideurs		✓					✓				
10. Le Loup et le Chien maigre		✓			✓			✓			✓
11. Rien de trop	✓				✓			✓			✓
12. Le Cierge				✓		✓			✓		
13. Jupiter et le Passager	✓				✓			✓			
14. Le Chat et le Renard	✓					✓			✓		
15. Le Mari, la Femme et le Voleur	✓					✓		✓			✓
16. Le Trésor et les deux Hommes	✓					✓		✓			
17. Le Singe et le Chat			✓			✓		✓			
18. Le Milan et le Rossignol		✓				✓		✓			
19. Le Berger et son Troupeau		✓				✓			✓		
20. Discours à Madame de la Sablière				✓	✓	✓				✓	✓

LIVRE X

TITRE DE LA FABLE	THÈME				PLACE DE LA MORALE			FORME DE LA MORALITÉ			
	La nature humaine	Les relations entre les hommes	La cour	Références à la philosophie	Au début	À la fin	Absente	Constat	Adresse au lecteur, mise en garde	Forme interrogative	Intervention directe du fabuliste
1. L'Homme et la Couleuvre			✓			✓		✓			
2. La Tortue et les deux Canards	✓					✓		✓			
3. Les Poissons et le Cormoran		✓				✓			✓		
4. L'Enfouisseur et son Compère		✓				✓		✓			
5. Le Loup et les Bergers		✓				✓			✓		
6. L'Araignée et l'Hirondelle		✓				✓		✓			
7. La Perdrix et les Coqs		✓					✓				
8. Le Chien à qui on a coupé les oreilles		✓				✓					
9. Le Berger et le Roi			✓	✓			✓				
10. Les Poissons et le Berger qui joue de la flûte			✓			✓			✓		
11. Les deux Perroquets, le Roi et son Fils		✓					✓				
12. La Lionne et l'Ourse	✓					✓			✓		
13. Les deux Aventuriers et le Talisman	✓					✓		✓			
14. Discours à Monsieur le duc de La Rochefoucauld				✓	✓	✓			✓		✓
15. Le Marchand, le Gentilhomme, le Pâtre et le Fils de Roi	✓					✓		✓			✓

LIVRE XI	THÈME				PLACE DE LA MORALE			FORME DE LA MORALITÉ			
TITRE DE LA FABLE	La nature humaine	Les relations entre les hommes	La cour	Références à la philosophie	Au début	À la fin	Absente	Constat	Adresse au lecteur, mise en garde	Forme interrogative	Intervention directe du fabuliste
1. Le Lion			✓			✓		✓			
2. Pour Monseigneur le duc du Maine		✓				✓				✓	
3. Le Fermier, le Chien et le Renard		✓				✓			✓		
4. Le Songe d'un habitant du Mogol		✓				✓		✓			✓
5. Le Lion, le Singe et les deux Ânes			✓			✓					✓
6. Le Loup et le Renard	✓					✓		✓			
7. Le Paysan du Danube		✓			✓			✓			
8. Le Vieillard et les trois jeunes Hommes	✓						✓				
9. Les Souris et le Chat-huant				✓	✓			✓			
Épilogue				✓							

Citation à retenir

« Il a donc fallu que j'aie cherché d'autres enrichissements, et étendu davantage les circonstances de ces récits ».

La Fontaine, Avertissement des *Fables*, 1678

3 L'écriture des fables

A Des récits vivants

→ Des récits plus longs, plus détaillés

- Les fables des livres VII à XI sont, dans l'ensemble, plus longues que celles du premier recueil. Cela permet au fabuliste de développer les « circonstances » : c'est-à-dire étendre les descriptions, préciser le décor, approfondir les portraits.
- De plus, il multiplie les péripéties et complexifie le schéma narratif : dans « Les deux Pigeons » (IX, 2) par exemple, le pigeon voyageur est successivement victime des intempéries, d'un piège, d'un vautour, d'un aigle et enfin d'un

enfant armé d'une fronde. La Fontaine prend donc ses distances avec l'esthétique de concentration de la fable telle qu'elle était pratiquée par Ésope.

→ Des récits qui s'apparentent à de petites pièces de théâtre

• Le discours rapporté prend souvent une place importante dans le récit, et la fable tend parfois vers le théâtre.

• Le discours rapporté a plusieurs fonctions dans le récit : il le dynamise, le rend plus vif et plus léger, ce qui est un moyen de capter l'attention labile du lecteur. Les paroles d'un personnage révèlent son caractère ainsi que son rang social. Enfin, discours et dialogue peuvent avoir un effet comique.

→ Les interventions du narrateur

• Le narrateur s'exprime à la première personne dans de nombreuses fables.

• Parfois, il expose ses sentiments et fait des confidences au lecteur. La fable s'apparente alors à un poème lyrique.

Citation à retenir

« Ah si mon cœur osait encore se renflammer !
Ne sentirais-je plus de charme qui m'arrête ?
Ai-je passé le temps d'aimer ? »

« Les deux Pigeons », IX, 2

• À d'autres moments, il intervient en tant que moraliste, observateur de la vie de son temps ou écrivain lucide qui perce les secrets de la nature humaine.

Quiz

1. **Relevez plusieurs fables dont la construction complexe permet de faire apparaître un apologue enchâssé (une fable dans la fable).**
2. **Comparez les différentes formes de discours rapporté dans « Le Coche et la Mouche » (VII, 10).**
3. **Quel est l'intérêt pour le poète d'intervenir directement dans ses fables ?**

B Des morales variées

Citation à retenir

« Laissez dire les sots ; le savoir a son prix »

« L'Avantage de la science », VIII, 19

➔ Des morales qui prennent des formes variées

• Certaines morales se présentent comme des conseils adressés aux lecteurs. Ainsi, « La Cour du Lion » (VII, 6) se termine par une recommandation : « Ne soyez à la cour, si vous voulez y plaire, / Ni fade adulateur, ni parleur trop sincère, / Et tâchez quelquefois de répondre en Normand ».

• D'autres sont des affirmations : soit des généralités, presque des proverbes (« Ventre affamé n'a point d'oreille », dans « Le Milan et le Rossignol », IX, 18) soit des observations, des conclusions que le fabuliste tire de son expérience (« Je ne vois point de créature / Se comporter modérément », dans « Rien de trop », IX, 11).

• La Fontaine fait aussi parfois confiance au lecteur pour trouver le sens moral de son récit : soit il l'interroge explicitement, soit il se tait et la morale est implicite.

Citation à retenir

« Que t'en semble, lecteur ? »

« Les deux Amis », VIII, 11

➔ Des morales qui portent sur différents thèmes

• On peut d'abord distinguer des morales qui portent sur les rapports humains, la vie en société et la cour.

• D'autres fables s'intéressent davantage à la nature de l'homme et à ses défauts. La Fontaine s'énerve à plusieurs reprises contre la perpétuelle insatisfaction de l'être humain.

• Enfin, certains poèmes ont une dimension moins morale que philosophique : le « Discours à Madame de la Sablière » (IX, 20) ou « Un animal dans la Lune » (VII, 17).

Citation à retenir

« Fureur d'accumuler [...], Te combattrai-je en vain sans cesse en cet ouvrage ? »

« Le Loup et le Chasseur », VIII, 27

Quiz

1. **Trouvez une morale qui évoque l'iniquité de la justice.**
2. **Pourquoi peut-on parler pour certaines fables de morale implicite ?**
3. **Quelle est la morale des « Obsèques de la Lionne » (VIII, 14) ? Vous semble-t-elle morale ?**

C Des textes poétiques

→ Des fables hétérométriques

- À quelques exceptions près (« Les Vautours et les Pigeons » VII, 9, « L'Homme et la puce », VIII, 5), les fables sont hétérométriques : en effet, La Fontaine emploie des vers de différentes longueurs mais qui appartiennent tous à la tradition poétique française.
- Les vers les plus employés sont l'alexandrin et l'octosyllabe, mais on trouve parfois dans les fables des vers plus courts, comme le vers de trois syllabes (« Et Serpents ») dans « L'Homme et la Couleuvre », (X, 1).
- L'association de vers brefs et de vers longs permet à La Fontaine de créer du dynamisme mais aussi de mettre certains éléments en évidence. Ainsi dans « Le Trésor, et les deux Hommes », le fabuliste joue sur l'association de vers longs et de vers brefs. Le vers 21 de deux syllabes (« Absent ») est mis en valeur par le contraste entre sa brièveté et la longueur des alexandrins qui l'encadrent. Il s'agit de mettre en scène le choc subi par le propriétaire du trésor lorsqu'il s'aperçoit de sa disparition.

Citation à retenir

« On en use ainsi chez les grands. / La raison les offense : ils se mettent en tête / Que tout est né pour eux, quadrupèdes, et gens, / Et serpents »

« L'Homme et la Couleuvre », X, 1

→ Des registres variés

- Certains passages des fables s'apparentent à de la poésie amoureuse avec l'emploi du registre élégiaque (« Les deux Pigeons », IX, 1). D'autres sont polémiques et traduisent l'indignation de l'auteur (« Le Loup et le Chasseur », VIII, 27). D'autres encore sont satiriques et font entendre une voix moqueuse (« Le Rat qui s'est retiré du Monde », VII, 3).

Citation à retenir

« Un moine ? Non, mais un dervis :
Je suppose qu'un moine est toujours charitable. »

« Le Rat qui s'est retiré du Monde », VII, 3

- Parmi les fables légères, on peut aussi évoquer les fables héroï-comiques dans lesquelles le fabuliste fait référence à des grands mythes de l'Antiquité pour décrire des réalités quotidiennes : dans « Les deux Coqs » (VII, 14), la bataille entre deux volailles est racontée sur le mode épique, comparée à un épisode de la guerre de Troie dans L'*Iliade*.

Quiz

1. **Quel est l'intérêt pour le poète d'avoir recours à différents types de vers dans le dialogue entre les animaux dans la fable « Les Obsèques de la Lionne » (VIII, 14, v. 33-51) ?**
2. **Quel est le registre employé au début de la fable « Démocrite et les Abdéritains » (VIII, 26) ? Comment l'identifiez-vous ?**

Citation à retenir

« Il aiguisait son bec, battait l'air et ses flancs »

« Les deux Coqs », VII, 13

Citation à retenir

« J'attribuerais à l'animal / Non point une raison selon notre manière : / Mais beaucoup plus aussi qu'un aveugle ressort »

« Discours à Madame de la Sablière », IX, 20

4 Les personnages

→ Le bestiaire

- Les animaux ont une dimension allégorique : ils représentent des types, des personnages identifiés par un trait de caractère ou un comportement remarquables.
- Toutefois, La Fontaine ne les traite pas seulement comme des symboles, il fait en sorte qu'on puisse se les représenter : il recourt à des animaux très variés, exotiques ou au contraire courants, et les dote d'abord d'une apparence particulière, d'une manière de bouger… Ensuite, il leur affecte un langage et un rang dans une société très hiérarchisée, qui rappelle bien sûr la société de l'Ancien Régime.
- La Fontaine prend position dans le débat lancé par Descartes sur les animaux-machines. Le philosophe défend en effet l'idée que les animaux seraient de simples assemblages de rouages divers. La Fontaine pense que les animaux présentent une certaine forme de conscience.

→ D'autres personnages

- La Fontaine met en scène davantage de personnages humains que dans le précédent recueil. Il les décrit de manière plus précise et attribue à chacun une manière différente de s'exprimer. Il s'agit une fois encore d'aider le lecteur à les imaginer. Vous pouvez ainsi vous figurer le « Paysan du Danube » (XI, 7), avec sa « barbe touffue », son « sourcil épais », « le regard de travers, nez tortu, grosse lèvre ».
- Le fabuliste met en scène des personnages qu'on s'attendrait plutôt à trouver dans des contes : des êtres merveilleux comme le follet des « Souhaits » (VII, 6).

Quiz

1. **Trouvez dans les *Fables* des animaux exotiques susceptibles de faire rêver le lecteur, surtout au XVIIe siècle.**
2. **Quels sont au contraire les animaux quotidiens que La Fontaine a pu observer dans son enfance à la campagne et qu'il met en scène ?**
3. **Quel objet personnifié La Fontaine évoque-t-il dans l'une de ses fables ?**

5 Les thèmes de l'œuvre

A Le regard du moraliste

La Fontaine, en moraliste, analyse la nature humaine et met en évidence ses failles.

→ L'amour-propre

- Les moralistes du XVIIe siècle, et La Rochefoucauld en particulier, accusent l'orgueil d'aveugler l'homme.
- L'orgueil est un vice qui empêche l'homme de se considérer avec lucidité comme devrait le faire un honnête homme (voir p. 9), mais c'est aussi un mal qui corrompt la société. La Fontaine nous montre son influence à tous les niveaux : la fille à marier se croit supérieure à tous les prétendants qu'on peut lui présenter (« La Fille », VII, 5), les « grands » imaginent que « tout est né pour eux, quadrupèdes et gens, / Et Serpents » (« L'Homme et la couleuvre », X, 1).

→ L'ambition

- Incapables de se satisfaire de ce qu'ils ont, persuadés de leur supériorité sur les autres, les hommes sont brûlés d'ambition. Cela les rend hargneux les uns avec les autres : les courtisans n'hésitent pas à conduire leurs rivaux à leur perte si cela peut servir leur intérêt. Ainsi, tous crient « haro sur le baudet » dans « Les Animaux malades de la Peste » (VII, 1).
- L'ambition pas plus que l'orgueil ne connaît la mesure, et La Fontaine condamne ce défaut sans nuance : « Combien

Citation à retenir

« […] certain mouvement / Qu'on appelle communément / Amour-propre ; car c'est le père, c'est l'auteur de tous les défauts. »

« Le Lion, le Singe et les deux Ânes », XI, 5

fait-il de vœux, combien perd-il de pas / S'outrant pour acquérir des biens ou de la gloire » (« Les deux Chiens et l'Âne mort », VIII, 15).

Citation à retenir

« Imprudence, babil, et sotte vanité / Et vaine curiosité / Ont ensemble étroit parentage »

« La Tortue et les deux Canards », X, 2

→ La curiosité

● La Fontaine s'en prend aussi à la curiosité que l'on peut d'ailleurs relier à l'amour-propre. Pascal l'affirme lui aussi dans les *Pensées* : « La curiosité n'est que vanité le plus souvent. On ne veut savoir que pour en parler ». De ce fait, les curieux des fables sont sévèrement punis. Ainsi celui des deux Pigeons qui veut découvrir le monde doit affronter un orage, un piège, un vautour.

Quiz

1. **Cherchez une fable qui met en scène un ambitieux qui sera victime de ses aspirations.**
2. **Citez des animaux qui dans les fables sont ridiculisés en raison de leur orgueil.**

B L'épicurisme de La Fontaine

Citation à retenir

« Rendez-moi, lui dit-il, mes chansons et mon somme, / Et reprenez vos cent écus »

« Le Savetier et le Financier », VIII, 2

● L'épicurisme naît dans la Grèce antique, dans l'école fondée par Épicure en 306 avant J.-C. Cette philosophie a deux aspects : un versant moral et un versant physique.

● Sur le plan moral, les épicuriens recherchent le bonheur, non pas par l'accumulation de plaisirs mais par l'éviction de toute source de souffrance. Au contraire, l'accumulation de biens entraîne de l'inquiétude. C'est ce que comprend le Savetier qui perd tout repos dès lors que le Financier lui donne cent écus (« le Savetier et le Financier », VIII, 2).

● Sur le plan physique, les épicuriens conçoivent le monde comme un assemblage fluctuant d'atomes. Ils éliminent donc toute mythologie ou transcendance. La Fontaine se sert de cette conception du monde pour s'en prendre à ceux qui prétendent prédire l'avenir. À la fatalité imposée par le maître des dieux, il préfère le hasard : « Qu'est ce Jupiter ? un corps sans connaissance » (« L'Horoscope », VIII, 16).

- Pierre Gassendi (1592-1655) réhabilite le travail du philosophe grec et en fait le fondement d'une nouvelle science. La Fontaine découvre ses travaux par l'intermédiaire de Bernier, qui fréquente le salon de Madame de la Sablière.
- Enfin, on peut noter que les épicuriens sont sensualistes, c'est-à-dire qu'ils mettent les sensations au fondement du savoir. La Fontaine évoque le débat sur la puissance trompeuse des sens dans la fable « Un Animal dans la Lune » (VII, 18). Il oppose la théorie de Descartes, selon laquelle les sens sont source d'illusion, et celle de Gassendi, qui en fait au contraire un fondement du savoir.

Quiz

1. **Dans quelle autre fable que celle mentionnée ci-dessus La Fontaine évoque-t-il les atomes ?**
2. **Cherchez des fables qui défendent un épicurisme moral et invitent à la modération.**
3. **Quelle fable du Livre IX fait l'éloge du « tempérament », qui signifie dans ce contexte « modération » ?**

C La satire de la cour

→ Le Roi-Lion

- Le plus souvent, c'est le lion qui incarne le roi, mais il y a quelques exceptions : dans « Le Chat, la Belette et le petit Lapin », c'est le Chat qui représente le roi.
- La principale caractéristique du roi, Lion ou Chat, est sa cruauté. Il n'hésite pas à tuer parfois avec une grande violence. De plus, ces châtiments sont infligés sans respect de la justice.
- Il n'est pas rare que le roi se laisse manipuler. Ainsi, parce qu'il entend régner sans partage et parce qu'il en tire de l'orgueil, le roi présente une faiblesse dont certains parviennent à profiter.

Citation à retenir

« On écorche, on taille, on démembre »

« Le Lion, le Loup et le Renard », VIII, 3

➜ Les courtisans

La Fontaine insiste sur l'absence de personnalité ou de convictions des courtisans. Ils n'ont aucune opinion, aucun sentiment qui leur soit propre. Tels des pantins, ils ne sont animés que par leur désir de plaire au roi et de l'imiter. Les très nombreux courtisans qui se pressent à Versailles veulent tous obtenir du roi quelque faveur ou sa protection. Cette quête instaure une grande rivalité entre les courtisans qui sont prêts à recourir à mille et une ruse pour éliminer leurs rivaux.

Citation à retenir

« Peuple caméléon, peuple singe du maître »

« Les Obsèques de la Lionne », VIII, 14

➜ Guide de survie en milieu hostile

- Parmi les fables qui visent la cour et le roi, certaines se terminent sur un constat pessimiste.
- D'autres se terminent sur un conseil pour mieux vivre à la cour. La Fontaine ne prône pas la sagesse. Il suggère plutôt, pour y survivre, de prendre la mesure des vices qui règnent à la cour et des faiblesses du roi.

Citation à retenir

« Ne soyez à la Cour, si vous voulez y plaire / Ni fade adulateur, ni parleur trop sincère / Et tâchez quelquefois de répondre en Normand. »

« La Cour du Lion », VII, 7

Quiz

1. **Comment le Cerf se sauve-t-il du châtiment que veut lui infliger le roi dans « Les Obsèques de la Lionne » (VIII, 14) ?**
2. **Quels sont les défauts du Lion dans « La Cour du Lion » (VII, 8) ?**
3. **Comment La fable « Jupiter et les Tonnerres » (VIII, 20) évoque-t-elle le roi et les courtisans ?**

D L'imagination

➜ Dangers et plaisirs de l'imagination

- Rêver est dangereux : Perrette se laisse aller à bâtir des « châteaux en Espagne », et voilà son lait répandu (« La Laitière et le Pot au lait », VII, 10). Le curé pour sa part est emporté par une « agréable pensée » quand il est victime de la chute du cercueil qu'il suivait en pensant à autre chose (« Le Curé et le Mort », VII, 11).

• Pourtant, même si l'on a conscience des dangers, on ne peut s'empêcher de rêver : le plaisir que cela procure est trop important. L'imagination est une « flatteuse erreur » : elle nous peint plus puissant, plus riche, plus séduisant.

→ L'imagination et ses « grâces légères » (« Le Pouvoir des Fables », VIII, 4)

• Si La Fontaine recourt à l'imagination dans ses fables, c'est non seulement parce que susciter des images dans l'esprit de son lecteur est source de plaisir, mais aussi parce que cela lui évite la pédanterie. Le moraliste ne doit pas se faire donneur de leçons. Il doit être plus subtil.

• De plus, grâce à l'imagination, le fabuliste suggère le sens plus qu'il ne l'impose. Il laisse son lecteur construire sa propre réflexion.

→ L'imagination ou la vérité déguisée en mensonge

• L'imagination permet de divulguer des vérités qui ne sont pas forcément faciles à dire ou à entendre et qui risquent d'irriter le roi ou de rebuter le courtisan. Ces propos seront souvent considérés subversifs pour des hommes, dont la nature est imparfaite. Le récit plein d'imagination qu'est la fable, « Sous les habits du mensonge / Nous offre la vérité » (« Le Dépositaire infidèle », IX, 1).

Quiz

1. **Quelle présentation La Fontaine fait-il de l'apologue dans la dédicace à Madame de Montespan ?**
2. **Quel conte ferait éprouver à La Fontaine un « plaisir extrême » ?**
3. **Quel est le rôle attribué à l'imagination dans « Le Pouvoir des Fables » (VIII, 4) ?**

Citations à retenir

« Chacun songe en veillant ; il n'est rien de plus doux ; / Une flatteuse erreur emporte alors nos âmes / Tout le bien du monde est à nous, / Tous les honneurs, toutes les femmes. »

« La Laitière et le Pot au lait », VII, 10

« Je hais les pièces d'éloquence »

« L'Écolier, le Pédant et le Maître d'un jardin », IX, 5

« Et tiens qu'il faut laisser / Dans les plus beaux sujets quelque chose à penser »

« Discours à Monsieur le duc de La Rochefoucauld », X, 14

LE PARCOURS

→ Imagination et pensée au XVIIe siècle

THÈME 1 L'imagination, ennemie de la pensée

A Situer le thème dans le parcours

→ Une imagination imparfaite et incontrôlable

- Les relations entre l'imagination et la pensée sont liées à un désir de vérité. La quête de vérité est en effet au centre de l'esthétique classique. Boileau affirme ainsi dans sa neuvième *Épître*, « Rien n'est beau que le vrai : le vrai seul est aimable ». Il s'agit donc, pour les auteurs classiques, d'interroger les capacités respectives de l'imagination et de la pensée à atteindre la vérité.

- Certains philosophes, dont Descartes, montrent que l'imagination est imparfaite. D'une part, quand elle essaie d'imaginer ce qu'est un objet, elle prend pour point de départ l'image que lui renvoient les sens, image qui est trompeuse : les illusions d'optique nous le montrent bien. Elle ne peut donc concevoir quelle est sa vraie nature. D'autre part, quand l'entendement veut lui-même produire une image, l'imagination se révèle incapable de former des images claires d'un objet complexe. On peut ainsi concevoir un chiliogone (polygone à mille côtés) mais pas en imaginer un.

- De plus, l'imagination est d'autant plus dangereuse qu'elle est incontrôlable. La raison ne parvient pas à la dominer.

→ Des philosophes pourfendeurs de l'imagination

- Descartes, *Méditations métaphysiques*, 1641
- La Rochefoucauld, *Maximes*, 1664
- Pascal, *Pensées*, 1670, fragment 82

B Quelques exemples pour la dissertation

▶ Descartes, *Méditations métaphysiques*, 1641

René Descartes (1596-1650) est à la fois philosophe, physicien et mathématicien. Il est le fondateur du rationalisme classique. Il recherche un fondement inébranlable à la connaissance. Pour cela, il met en doute, de manière systématique, toutes nos connaissances, déclarant comme fausses celles qui ne sont que probables. Il fonde finalement toute sa philosophie sur le *cogito* – « je pense, donc je suis ». Dans les *Méditations métaphysiques*, il développe cette théorie et montre qu'il est impossible de se fier aux sens, trompeurs, et à l'imagination, imparfaite.

Citations à retenir

« Il faut donc demeurer d'accord que je ne saurais pas même comprendre par l'imagination ce que c'est que ce morceau de cire, et qu'il n'y a que mon entendement seul qui le comprenne. »

« Que si je veux penser à un chiliogone, je conçois bien à la vérité que c'est une figure composée de mille côtés […] mais je ne puis pas imaginer les mille côtés d'un chiliogone. »

▶ La Rochefoucauld, *Maximes*, 1664

La Rochefoucauld (1613-1680) est d'abord un homme d'intrigues, qui n'hésite pas à participer à la Fronde. Blessé, il s'isole et commence la rédaction de ses *Mémoires* dans lesquelles il évoque la régence d'Anne d'Autriche. Il rencontre ensuite Madame de Sablé, proche des jansénistes. C'est la fréquentation de son salon qui l'amène à rédiger ses *Maximes*. Il y considère l'homme en moraliste, et fait de l'amour-propre et de l'imagination deux puissances trompeuses qui empêchent l'homme de penser clairement. La maxime, par sa brièveté, tâche de rendre à l'homme sa lucidité.

Citations à retenir

« L'amour-propre est l'amour de soi-même, et de toutes choses pour soi ; il rend les hommes idolâtres d'eux-mêmes. »

Maxime 1 de la première édition (1664), supprimée par la suite

« Ce n'est pas tant la fertilité de l'esprit qui nous fait trouver plusieurs expédients sur une même affaire, que c'est le défaut de lumière qui nous fait arrêter à tout ce qui se présente à notre imagination, et qui nous empêche de discerner d'abord ce qui est le meilleur. »

Maxime 287

▶ Pascal, *Pensées*, 1670

Blaise Pascal (1623-1662) est d'abord un génie scientifique, l'inventeur de la première machine à calculer ! Le 23 novembre 1654, il a une vision mystique et il se tourne vers la religion, prenant sans relâche la défense des jansénistes. Il commence à composer une apologie de la religion chrétienne : une apologie est un texte destiné à prouver l'existence de Dieu pour rallier les hérétiques. Ce texte reste inachevé et est publié sous la forme de fragments.

Citations à retenir

L'imagination, « cette maîtresse d'erreur et de fausseté, et d'autant plus fourbe qu'elle ne l'est pas toujours. »

« Cette superbe puissance ennemie de la raison. »

Fragment « vanité » n° 31/38

THÈME 2 L'imagination, masque d'une pensée audacieuse

A Situer le thème dans le parcours

→ Une pensée qui avance masquée

L'imagination permet d'avancer masqué. Les artistes sont soumis à des règles strictes et leurs ouvrages doivent obtenir un « privilège » délivré par les censeurs royaux. Il est donc impossible de critiquer explicitement la cour ou l'Église ou encore d'approuver trop ouvertement les thèses de Copernic et Galilée… Les auteurs qu'on appelle libertins, c'est-à-dire qui revendiquent une liberté de penser indépendante des dogmes chrétiens, recourent donc à l'imagination pour draper leur pensée sous un voile qui la rend acceptable. Cela permet, parfois, de contourner la censure.

→ L'imagination comme rempart contre la censure

- Cyrano de Bergerac, *Les États et Empires de la Lune,* 1657
- Fénelon, *Les Aventures de Télémaque*, 1694

B Quelques exemples pour la dissertation

▶ Cyrano de Bergerac,
***Les États et Empires de la Lune*, 1657**

Cyrano de Bergerac (1619-1655) fait une brève carrière militaire avant de se consacrer à l'écriture. Disciple de Gassendi qui ouvre la voie à l'épicurisme moderne, il s'attire de nombreuses inimitiés par ses textes libertins. Sa mort est vraisemblablement un assassinat. Dans *Les États et Empires de la Lune*, Cyrano fait preuve d'une audace folle : il y défend l'héliocentrisme, remet en cause le pouvoir absolu, l'immortalité de l'âme et même l'existence de Dieu.

Citation à retenir

« Quoi ! Parce que le soleil compasse nos jours et nos années, est-ce à dire pour cela qu'il n'ait été construit qu'afin que nous ne cognions pas de la tête contre les murs ? »

Fénelon, *Les Aventures de Télémaque*, 1694

Fénelon (1651-1715) fut précepteur du duc de Bourgogne. Il écrivit à des fins éducatives plusieurs ouvrages : des fables mais aussi un roman, *Les Aventures de Télémaque*. Dans ce récit, écrit en 1694, mais publié en 1699 seulement, sans l'approbation de son auteur, Fénelon imagine les tribulations de Télémaque, le fils d'Ulysse, à la recherche de son père. Il est accompagné de Mentor, qui le conseille et qui se fait souvent le porte-parole de Fénelon. L'ouvrage connut un immense retentissement car chacun y voyait, au-delà de la fiction pleine d'imagination, une critique du règne de Louis XIV. Ce dernier en fut furieux !

Citations à retenir

« Souvenez-vous, ô Télémaque, qu'il y a deux choses pernicieuses, dans le gouvernement des peuples, auxquelles on n'apporte presque jamais aucun remède : la première est une autorité injuste et trop violente dans les rois ; la seconde est le luxe, qui corrompt les mœurs. »

« Au contraire, ils [ceux qui recherchent le luxe] doivent être jaloux les uns des autres, rongés par une lâche et noire envie, toujours agités par l'ambition, par la crainte, par l'avarice, incapables des plaisirs purs et simples, puisqu'ils sont esclaves de tant de fausses nécessités dont ils font dépendre tout leur bonheur. »

THÈME 3 L'imagination, élégance de la pensée

A Situer le thème dans le parcours

→ Suggérer une pensée par le biais de l'imagination

L'honnête homme du XVIIe siècle ne doit pas imposer son savoir, au risque de se montrer pédant. Au contraire, selon les préceptes de l'esthétique classique, il faut suggérer plus qu'expliquer, rejeter les extrêmes, l'emphase comme la vulgarité. Pour cela, on privilégie la forme brève qui permet d'aller à l'aventure et de mêler « cent matières diverses » comme on le ferait dans une conversation mondaine. Dans cette optique, l'imagination introduit une forme de délicatesse : elle énonce une pensée sans donner de leçon, fait un reproche sans heurter.

→ Attirer l'attention sur une pensée grâce à l'imagination

Conscient des faiblesses des hommes, le moraliste sait que son lecteur est au premier abord inattentif, rêveur. Il faut donc capter son attention par des « mensonges ». L'apologue, parce qu'il allie l'imagination et la pensée, s'adresse à la fois aux « cœurs », à la sensibilité, mais aussi à l'« esprit », siège de la pensée.

→ L'imagination au service de la pensée

- Molière, *Le Tartuffe*, 1664
- La Bruyère, *Les Caractères*, 1687
- Perrault, Les *Contes de ma mère l'Oye*, 1697

B Quelques exemples pour la dissertation

▶ Molière, *Le Tartuffe*, 1664

Jean-Baptiste Poquelin (1622-1673), dit Molière, est un homme de théâtre complet : auteur, acteur, chef de troupe. En embrassant cette profession controversée en un siècle où être comédien vaut d'être excommunié, il devient un homme de combat, qui lutte contre l'obscurantisme, le dogmatisme et revendique la liberté de penser. Sa pièce *Le Tartuffe* jouée pour la première fois devant le roi en 1664 suscite une vaste querelle. Les dévots, en particulier les membres de la Compagnie du Saint-Sacrement, voient la pièce comme une attaque. Il faut attendre 1669 pour que la pièce, plusieurs fois remaniée, puisse être représentée. L'imagination et la verve comique dont fait preuve Molière font rire le Roi mais cela ne suffit pas pour écarter la censure religieuse.

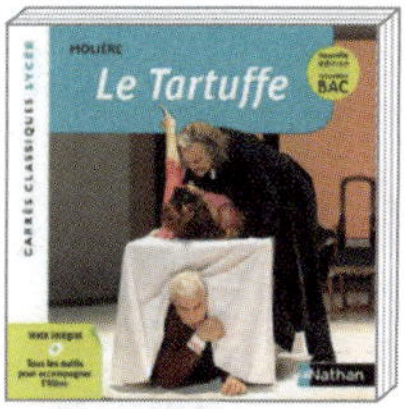

Citations à retenir

« L'emploi de la comédie est de corriger les vices des hommes. »

« Les plus beaux traits d'une sérieuse morale sont moins puissants, le plus souvent, que ceux de la satire ; et rien ne reprend mieux la plupart des hommes que la peinture de leurs défauts. »

Préface du *Tartuffe*, 1669

▶ La Bruyère, *Les Caractères*, 1687

Jean de La Bruyère (1645-1696) fait des débuts modestes à la cour comme précepteur du duc de Bourbon. En 1687, la première édition des *Caractères* remporte un grand succès. Elle comporte 100 pages de traduction de Théophraste et 200 pages originales. Le succès est tel que La Bruyère ne cesse de rééditer son œuvre et de l'augmenter de nouveaux textes. Il entre à l'Académie française en 1693 et appartient au camp des Anciens. *Les Caractères* peignent une série de portraits : il s'agit de permettre au lecteur d'imaginer les personnages et, à travers eux, des vices ou des vertus en action.

Citations à retenir

« Arrias a tout lu, a tout vu, il veut le persuader ainsi ; c'est un homme universel, et il se donne pour tel : il aime mieux mentir que de se taire ou de paraître ignorer quelque chose. »

« Gnathon ne vit que pour soi, et tous les hommes ensemble sont à son égard comme s'ils n'étaient point. »

▶ Perrault, *Contes de ma mère l'Oye*, 1697

Charles Perrault (1628-1703) mène en parallèle une carrière dans l'administration et son travail d'écrivain. Il entre à l'Académie française en 1671 et y lance la grande querelle des Anciens et des Modernes par la lecture en 1687 de son ouvrage *Le siècle de Louis Le Grand*. Les contes (*Contes en vers*, 1694 ; *Contes de ma mère l'Oye*, 1697) participent de cette querelle dans la mesure où ils empruntent non à l'Antiquité mais à la culture populaire française. Les contes de Perrault en prose sont de brefs récits stéréotypés et merveilleux, suivis d'une morale versifiée. Ce sont donc des œuvres d'imagination qui illustrent une pensée. Ils ont à la fois pour but de plaire et d'instruire. Ils s'adressent aussi bien aux enfants qui apprécient le récit merveilleux qu'aux adultes qui y perçoivent des sous-entendus satiriques ou philosophiques et admirent le dialogue entre le récit et la morale.

Citations à retenir

« Il était une fois une veuve qui avait deux filles ; l'aînée lui ressemblait si fort et d'humeur et de visage, que qui la voyait voyait la mère. Elles étaient toutes deux si désagréables et si orgueilleuses qu'on ne pouvait vivre avec elles. La cadette, qui était le vrai portrait de son Père pour la douceur et pour l'honnêteté, était avec cela une des plus belles filles qu'on eût su voir. »

Incipit du conte « Les Fées »

« Les Diamants et les Pistoles, / Peuvent beaucoup sur les Esprits ; / Cependant les douces paroles / Ont encor plus de force, et sont d'un plus grand prix. »

« Les Fées », première moralité

THÈME 4 L'imagination, source de la pensée

A Situer le thème dans le parcours

→ L'imagination et la pensée en relais

Les découvertes exceptionnelles de la fin du XVIe siècle et du début du XVIIe siècle invitent à mesurer les efforts conjoints des sens, de la pensée et de l'imagination. Copernic puis Galilée développent ainsi le modèle du système solaire. Pour démontrer que la Terre est ronde, qu'elle tourne sur elle-même et autour du Soleil, mouvements imperceptibles à l'œil, ils s'appuient sur des calculs, sur des progrès techniques – ainsi Galilée perfectionne la lunette astronomique – mais aussi sur leur imagination. L'imagination supplée à la preuve.

→ L'œuvre d'imagination comme berceau d'une pensée originale

Dans cette perspective, l'imagination ne sert pas seulement à transmettre une pensée préétablie, mais aussi à concevoir une pensée originale. Imaginer permettrait de mieux voir le monde. Quand un moraliste brosse un portrait, raconte une histoire, sa pensée évolue au fur et à mesure que son imagination se déploie. On observe parfois ainsi un décrochage entre le récit et la moralité. La pensée que l'on peut déduire du récit n'est pas toujours celle que l'auteur explicite, comme si sa pensée avait évolué à mesure qu'il imaginait ses personnages.

→ L'imagination essentielle à la pensée

- Pascal, *Pensées,* 1670, fragment 230
- Fontenelle, *Entretiens sur la pluralité des mondes,* « Premier soir », 1686

B Quelques exemples pour la dissertation

▶ Pascal, *Pensées*, 1670, fragment 230

Pascal, dont nous avons vu qu'il n'hésitait pas à condamner l'imagination (cf. thème 1), invite son lecteur à y recourir quand il s'agit de prendre conscience de la puissance divine, ce qui surpasse les capacités de notre entendement. Quand la pensée s'épuise, l'imagination doit prendre le relais et amener l'homme à explorer de nouveaux horizons.

Citations à retenir

« Mais si notre vue s'arrête là, que l'imagination passe outre ; elle se laissera plutôt de concevoir que la nature de fournir. »

« Enfin, c'est le plus grand caractère sensible de la toute-puissance de Dieu, que notre imagination se perde dans cette pensée. »

▶ Fontenelle, *Entretiens sur la pluralité des mondes*, « Premier soir », 1686

Fontenelle (1657-1757), écrivain et scientifique rigoureux, n'hésite pourtant pas à recourir à l'imagination pour vulgariser les théories de Descartes et Copernic dans les *Entretiens sur la pluralité des mondes*. Pour se représenter une réalité que l'on ne peut pas percevoir, l'imagination est nécessaire. Elle n'est pas trompeuse mais au contraire, elle permet dans ce cas de mieux comprendre le monde.

Citations à retenir

« Je me suis mis dans la tête que chaque étoile pourrait bien être un monde. Je ne jurerais pourtant pas que cela fût vrai, mais je le tiens pour vrai, parce qu'il me fait plaisir à croire. »

« Selon moi, il n'y a pas jusqu'aux vérités auxquelles l'agrément ne soit nécessaire. »

THÈME 5 Le triomphe de l'imagination

A Situer le thème dans le parcours

→ Jouir des plaisirs de l'imagination

Il ne faudrait pourtant pas, en raison de l'intitulé de ce parcours associé à la lecture des livres VII à XI des *Fables* de La Fontaine, « Pensée et imagination au XVIIe siècle », instrumentaliser systématiquement l'imagination. En effet nous avons considéré l'imagination comme une rivale de la pensée, puis comme un masque permettant de dire une pensée audacieuse, comme un procédé de persuasion efficace et même comme un lieu fécond pour l'émergence d'une pensée. Mais qu'en est-il de l'imagination pour elle-même ? La Fontaine lui-même rappelle « le plaisir extrême » qu'il prend à écouter des récits pleins d'imagination comme les contes. L'imagination peut être poursuivie pour elle-même parce qu'elle est source de plaisir.

→ Imaginer pour le plaisir

- La poésie baroque du début du XVIIe siècle qui multiplie les images.
- Corneille, *L'Illusion comique*, 1635
- Corneille, *Le Menteur,* 1644

B Quelques exemples pour la dissertation

▸ Estienne Durand, *Stances à l'inconstance*, 1604

Parmi les poètes baroques qui évoquent les plaisirs de l'illusion et recourent à de nombreuses images pour stimuler l'imagination de leurs lecteurs, citons Estienne Durand (1586-1618) dont le pamphlet contre Louis XIII, brûlé en place publique, lui valut d'être longtemps oublié.

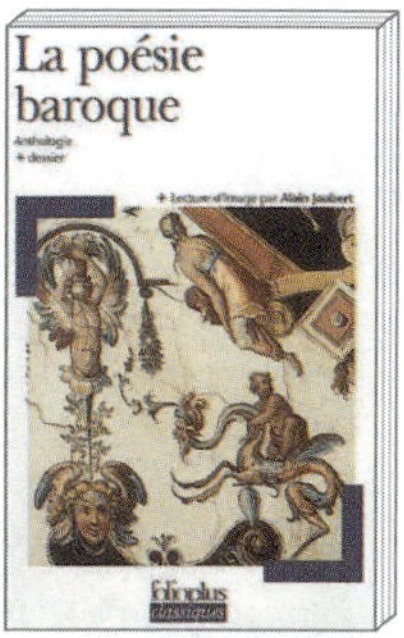

Citation à retenir

« Je te fais un présent d'un tableau fantastique, / Où l'amour et le jeu par la main se tiendront, […] / Les sables de la mer, les orages, les nues, / Les feux qui font en l'air les tonnantes chaleurs, / Les flammes des éclairs plus tôt mortes que vues, / Les peintures du ciel à nos yeux inconnues, / À ce divin tableau serviront de couleurs. »

▸ Corneille, *L'Illusion comique*, 1635

Corneille (1606-1684) commence par de brillantes études de droit et se tourne vers le théâtre dans les années 1630. Ses premiers succès lui valent d'être repéré par Richelieu qui le pensionne et en fait un des cinq auteurs à son service. Ses comédies comme ses tragédies sont appréciées jusqu'en 1648. La Fronde, qui retarde les représentations de ses dernières pièces, et la critique de *Nicomède* plutôt favorable aux frondeurs inaugurent une série d'échecs relatifs. Toutefois, Corneille obtient une pension de Louis XIV et s'illustre par plusieurs discours dans lesquels il présente et justifie l'esthétique classique. *L'Illusion comique* est une comédie à la gloire du théâtre dans laquelle le magicien Alcandre fait reconnaître à Pridamant la carrière de comédien de son fils Clindor. Parce que Clindor fait imaginer aux spectateurs que l'illusion est réelle, parce qu'Alcandre présente à Pridamant des fantômes, cette pièce est une ôde à l'imagination.

Citations à retenir

Le théâtre « Est aujourd'hui l'amour de tous les bons esprits / L'entretien de Paris, le souhait des Provinces, / Le divertissement le plus doux de nos Princes, / Les délices du peuple, et le plaisir des grands. »

Les sages « Trouvent dans les douceurs d'un spectacle si beau / De quoi se délasser d'un si pesant fardeau. »

Acte V, scène 5

▸ Corneille, *Le Menteur*, 1644

Dans cette comédie, Corneille met en scène Dorante, un personnage dont l'unique plaisir dans l'existence est d'imaginer les mensonges les plus fous.

Citation à retenir

« Et sitôt que j'en vois quelqu'un s'imaginer / Que ce qu'il veut m'apprendre a de quoi m'étonner, / Je le sers aussitôt d'un conte imaginaire, / Qui l'étonne lui-même, et le force à se taire. / Si tu pouvais savoir quel plaisir on a lors. »

Acte I, scène 6

Méthode

Objectif BAC

Apprendre et réviser

La dissertation

L'oral

Apprendre et réviser

1 Les types de mémoire

Testez-vous pour connaître votre type de mémoire

Vous mémorisez mieux :

a. Les récits des cours d'histoire ou de français.
b. Les schémas de géographie, les formules de maths.
c. Votre propre prise de notes.

Votre astuce pour mémoriser vos cours :

a. Vous relisez votre cours à voix haute, comme si vous le récitiez à quelqu'un.
b. Vous relisez vos notes et vos fiches.
c. Vous demandez à quelqu'un de vous interroger.

Votre attitude au travail :

a. Les bruits autour de vous vous déconcentrent facilement.
b. Vous vous isolez facilement pour faire vos exercices, vous êtes dans votre « bulle ».
c. Vous avez besoin de mouvement, vous relisez vos cours en marchant.

Votre entourage lors de vos séances de travail :

a. Vous appréciez la présence de quelqu'un qui vous aide et dialogue avec vous.
b. Vous préférez que rien ne vous déconcentre.
c. Vous appréciez un peu de musique ou la télévision allumée en fond sonore.

Les types de mémoire

- Chacun a une mémoire qui tend à être plus **visuelle** (retenir ce qu'on voit), **auditive** (retenir ce qu'on entend) ou **kinesthésique** (retenir ce qu'on ressent).
- Ces trois types de mémoire ne sont pas exhaustifs, ni exclusifs : on possède au moins un type de mémoire principal et un type secondaire.

Ce qui vous convient en classe :

a. Les professeurs qui racontent beaucoup : vous retenez les récits.
b. Les schémas ou plans de cours rédigés au tableau : vous avez besoin de lire pour comprendre.
c. Le cours est divisé en sessions qui permettent de se mobiliser : il vous est difficile de vous concentrer dans bouger.

Pour vous, la compréhension et l'apprentissage s'effectuent principalement :

en écoutant le cours ▼ **mémoire auditive**

en relisant le cours ▼ **mémoire visuelle**

en bougeant, en marchant, en manipulant ▼ **mémoire kinesthésique**

Résultats du test

→ **Vous avez une majorité de a : vous avez une mémoire auditive**

• Vous retenez mieux ce que l'on vous raconte que ce que vous lisez. Vous avez besoin de vous entendre redire les cours pour mieux vous en souvenir, de relire vos fiches à voix haute, de répéter.

→ **Vous avez une majorité de b : vous avez une mémoire visuelle**

• Vous retenez mieux ce que vous lisez, les schémas, votre prise de notes, les mots-clés écrits au tableau ou sur vos fiches. Vous avez besoin d'organiser vos cours et vos fiches de manière aérée, visuelle : titres, sous-titres, mots soulignés, surlignés… Cela vous aide à comprendre les idées et à les retenir.

→ **Vous avez une majorité de c : vous avez une mémoire kinesthésique**

• Vous avez besoin de vous approprier les notions par tout le corps ! Vous devez bouger, entendre, voir pour bien retenir les choses. Vous pouvez apprendre en faisant les cent pas, en jouant avec votre stylo, en mettant vos cours en chansons…

2 Astuces pour mieux apprendre

A Tenir compte de son type de mémoire

Mémoire visuelle

- Pour apprendre, faites des dessins, des schémas, et associez des images à la notion que vous êtes en train de réviser ; vous pouvez par exemple utiliser des cartes heuristiques (cartes mentales) pour vos révisions.
- Réécrivez les parties du cours qui vous paraissent importantes, et rendez vos fiches de cours agréables à regarder, claires et précises. Surlignez, allez à la ligne régulièrement, faites des listes à puces… bref, rendez vos cours « visuels » !

Mémoire auditive

- Écoutez bien en cours car c'est là que vous apprendrez la plus grande partie de vos leçons.
- N'hésitez pas à réviser vos cours à plusieurs, à discuter des notions, à vous faire poser des questions à l'oral.
- Récitez votre cours à voix haute pour en faciliter la mémorisation.

Mémoire kinesthésique

- Essayez de faire des liens entre ce que vous apprenez et vos propres expériences.
- Apprenez en marchant, en bougeant les bras. Ne restez pas statique.
- Valorisez en particulier le sens du toucher. Lorsque vous révisez, vous pouvez manipuler des objets (gomme, crayon, balle anti-stress…) et lorsque vous prendrez à nouveau ces objets, les notions de cours vous reviendront en tête.

Astuces kinesthésiques

- Manipulez vos livres, vos manuels, utilisez des post-it…
- Faites des fiches comportant les éléments essentiels, découpez-les, et réorganisez-les de manière à construire une progression logique dans le cours.
- Favorisez les flash-cards (voir pages suivantes).

B Faire des fiches

Ne retenir que l'essentiel

• Une bonne fiche de révision est celle qui vous propose l'essentiel de votre cours. Vous devez donc distinguer une notion précise que vous devez retenir, ou des éléments pertinents (des dates, des définitions, une liste d'auteur et de leurs œuvres…).

Pour être efficace, retenez cette formule :

une fiche de révision = un sujet

• Lorsque vous construisez vos fiches de révision, il est souvent plus intéressant d'envisager une autre structure que celle du cours pour que la lecture du cours et la révisions des fiches soient complémentaires.

Construire une fiche de révision

Votre fiche doit compiler des notions essentielles et vous permettre de vous les remémorer rapidement. Pour cela :

• numérotez vos fiches et notez le titre de la fiche de manière claire et colorée, une couleur par rubrique et par niveau de titres ;

• dans le corps de la fiche, évitez de rédiger des phrases complètes, voire des paragraphes entiers. Soyez le plus synthétique possible, utilisez les listes à tirets, à points ou à numéros.

Des exemples de titres de fiche

Fiche 1 / Histoire / Louis XIV et l'absolutisme monarchique
Fiche 2 / Histoire littéraire / Le classicisme
Fiche 3 / Histoire littéraire / La vie et l'œuvre de La Fontaine
Fiche 4 / Le recueil / Les personnages : animaux et humains
Fiche 5 / Les thèmes du recueil / La représentation du pouvoir
Fiche 6 / Les thèmes du recueil / La philosophie morale : la question de l'amour-propre dans les Fables
Fiche 7 / Les thèmes du recueil / Scènes du quotidien dans les Fables
Fiche 8 / L'écriture / La qualité dramatique des Fables
Fiche 9 / L'écriture / L'énonciation dans les Fables
Fiche 10 / L'écriture / La variété des registres

Avantage des flash-cards

- Faciles à transporter, vous pouvez réviser **quand** et **où** vous voulez.
- Vous pouvez **réviser à plusieurs** (mélangez les cartes de chacun et tentez de répondre aux questions de tous…).
- Vous pouvez vous **tester régulièrement**.

C Des cartes pour mémoriser

Le principe des flash-cards est très simple : prenez une fiche bristol, notez **une information sur le verso** et **une information sur le recto.** Les flash-cards s'adaptent à tous les types de mémoire. Leur but est de réactiver facilement et régulièrement le lien entre deux informations :

- un personnage – le lion, par exemple – et sa fonction ;
- la formation universitaire et intellectuelle de La Fontaine ;
- un vers d'une fable sur une face et les vers suivants sur l'autre ;
- le titre d'une fable et son résumé sur l'autre face.

Mémoire auditive : apprendre le résumé d'une fable. Il faudra lire la fiche à voix haute, puis la réciter, la « jouer ».

Recto de la fiche

Les Animaux malades de la Peste

Verso

- La peste est « un mal qui répand la terreur »
- On cherche un coupable, dont le sacrifice permettrait d'éloigner la colère divine et la peste.
- Seul l'âne est condamné pour une faute très excusable (il a brouté l'herbe d'un pré appartenant à des moines) : « on cria haro sur le Baudet. »

Mémoire visuelle : une carte d'histoire littéraire

Recto de la fiche

Les Anciens et les Modernes

Verso

Les Anciens	Les Modernes
Chef de file : Nicolas Boileau	Chef de file : Charles Perrault
L'art de l'Antiquité est indépassable : il faut donc l'imiter.	Le XVIIe siècle peut produire des œuvres capables d'égaler l'art antique.

D Les cartes mentales

Les cartes mentales permettent de visualiser en un coup d'œil les éléments essentiels d'une notion, et les liens qu'ils entretiennent entre eux. Elles se lisent dans le sens des aiguilles d'une montre. Vous pouvez les réaliser à la main ou sur des sites internet gratuits, qui permettent une création rapide et facile.

Pour que votre carte soit claire et compréhensible, certains éléments sont indispensables :

- placez au centre le thème principal, éventuellement illustré par une image ;
- n'utilisez qu'un ou deux mots-clés par nœud ;
- chaque notion rattachée au thème principal irradie du centre, sous forme de branche courbe et colorée ;
- utilisez des couleurs ;
- favorisez des liens courbes plutôt que droits entre les nœuds ;
- vous pouvez hiérarchiser les idées en les écrivant en plus ou moins gros, dans un cadre plus ou moins épais.

- Une carte mentale peut présenter les principales étapes de la biographie de l'écrivain.

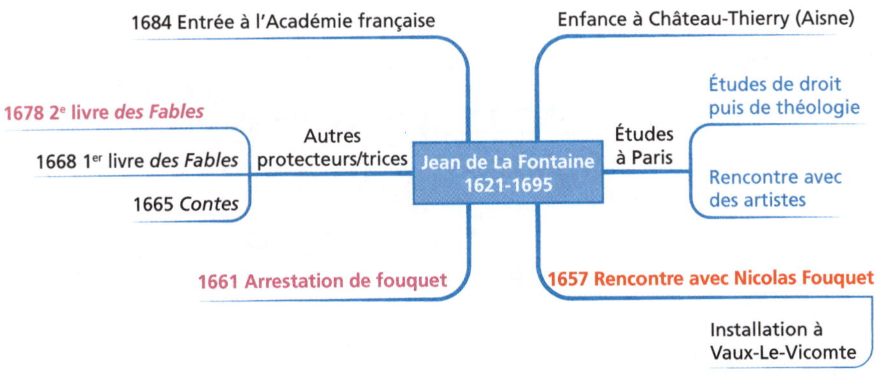

E Les nuages de mots

Pour réaliser un nuage de mots, vous pouvez vous rendre sur un site internet spécialisé (ils sont nombreux et généralement gratuits).

- Sélectionnez en premier lieu les termes que vous souhaitez retenir et qui permettent de définir simplement les grandes idées de l'œuvre ou de caractériser un personnage.
- Sur le site, saisissez les mots sélectionnés, choisissez les critères de mise en forme (police de caractères, couleurs, orientation du texte, etc.).
- Votre nuage est créé. Vous pouvez généralement le télécharger et l'imprimer.

Vous pouvez créer un nuage de mots pour l'œuvre dans sa globalité, un autre pour les personnages, un autre encore pour l'auteur…

- Un nuage de mots peut regrouper les termes utiles pour traiter les questions sur la philosophie et la morale dans les *Fables*.

F Les abécédaires

Cette manière originale de présenter une œuvre peut vous aider à vous remémorer l'essentiel en vous récitant simplement l'alphabet. Vous pouvez n'utiliser que certaines lettres.

Fables
Abécédaire

Apologue
Barillon
Château-Thierry
De la Sablière
Ésope
Fouquet
Imagination
Morale
Nature
Oratoire
Philosophe
Roi
Théâtre
Vaux-le Vicomte

G Les exempliers

- Un exemplier est une **liste d'exemples** destinés à mieux faire comprendre ou à retenir une notion.
- Il peut s'agir de citations, de mots, de noms…
- Un exemplier peut être très utile pour inclure des citations dans la dissertation sur œuvre. Voici une proposition d'exemplier sur le thème de l'argent, tiré des *Fables*.

Argent

1. « Rendez-moi, lui dit-il, mes chansons et mon somme / Et reprenez vos cent écus. » (« Le Savetier et le Financier », VIII, 2)
2. « Qui ne court après la Fortune ? » (La Fontaine joue sur les deux sens du mot « fortune », richesse et destinée, dans « L'Homme qui court après la Fortune et l'Homme qui l'attend dans son lit », VII, 8)
3. « "rien de trop" est un point / Dont on parle sans cesse, et qu'on n'observe point » (« Rien de trop », IX, 11)

3 Organiser ses révisions

A Faire un « rétro-planning »

De combien de temps disposez-vous ?

Pour bien s'organiser, il faut connaître les échéances : quelles sont les dates des interrogations, des bacs blancs, des épreuves de bac, des examens ? Vous pouvez les noter sur un calendrier pour visualiser leur enchaînement et pour compter le nombre de jours ou de semaines qui précèdent chaque épreuve.

B Connaître ses priorités

Sur quelles notions mettre l'accent ?

- **Commencez par identifier les cours que vous avez à réviser** : s'agit-il des textes pour l'oral, de citations à apprendre par cœur, de cours de méthodologie pour la dissertation, pour le commentaire ? Faut-il faire des fiches, ou les apprendre, les réviser ?
- **Établissez vos priorités** : surtout, pas d'impasses, il faut tout réviser ! et on n'écoute pas les « ouï-dire » qui affirment que tel objet d'étude va « tomber » pour l'interrogation ou le jour du bac. On ne peut pas savoir. Mais dans votre planning de révisions, commencez par ce qui vous demandera le plus d'implication, le plus de temps, et gardez pour la fin les tâches dans lesquelles vous êtes plus à l'aise.
- **Reprenez vos interrogations et bulletins précédents** : sur quels points votre professeur vous a-t-il demandé de vous améliorer ? S'agit-il du style, de la qualité de l'argumentation, de votre maîtrise de la méthode, de vos connaissances notionnelles ?

C Connaître son type de mémoire

→ Reportez-vous aux pages 40-42 pour connaître votre type de mémoire et ainsi savoir ce qui vous convient le mieux pour apprendre.

4 Construire son planning

A Bien s'organiser

Comment construire un planning de travail ?

- **Ménagez des plages de travail suffisamment longues** pour avoir le temps de vous concentrer sur une tâche, mais pas trop longues non plus pour ne pas perdre haleine. Une plage de **01h30 à 02h00** paraît un bon compromis.
- **Prévoyez de travailler le matin** les matières demandant le plus de concentration (le travail sur les lectures linéaires ou la reprise des dissertations). Prévoyez un moment de révisions en **fin de journée**.
- **Gardez une plage horaire vide de deux heures** en milieu de semaine ; cela vous permettra de récupérer le retard le cas échéant, ou de faire complètement autre chose si vous avez bien avancé les jours précédents !
- **Pensez à varier le type d'activités** dans une même journée : travail oral + écrit + fiches + apprentissage par cœur…
- **À la fin de chaque journée,** vérifiez que vous avez rempli vos objectifs.

B Préparer son espace de travail

Où et comment travailler ?

- **Choisissez un endroit où vous allez travailler durant toute la période de révisions :** votre bureau, la bibliothèque, la table du salon… Le lieu doit être au calme et suffisamment spacieux pour pouvoir disposer toutes vos affaires, tous vos livres au même endroit sans avoir à faire des allers-retours.
- **Ménagez-vous des moments de détente :** pauses de 15 minutes le matin et l'après-midi, temps de détente après le déjeuner pour s'aérer un peu l'esprit.
- **Éteignez votre téléphone portable,** ou passez-le en mode silencieux. C'est vraiment important pour rester concentré.

La dissertation

→ **Pour le bac, la dissertation porte sur une œuvre intégrale étudiée durant l'année et sur le parcours associé qui l'accompagne.**

La dissertation

Qu'est-ce que c'est ?

« Discours ou écrit où sont développés, de façon ordonnée, des arguments sur un sujet, un thème, ou une question scientifique. »

« Dans les classes terminales du second cycle des lycées et dans les universités : exercice écrit, que l'on donne aux élèves ou aux étudiants, qui consiste dans la discussion argumentée d'un sujet donné. »

La dissertation au bac

- La **dissertation** est l'une des épreuves écrites proposées au baccalauréat, en concurrence avec le **commentaire de texte** (toutes filières) ou la contraction de texte suivie d'un essai (uniquement pour la littérature d'idées en filières technologiques).
- Les élèves disposent de **4 heures** pour la rédiger. Ce travail d'écriture peut parfois inquiéter les candidats, et pourtant, c'est une épreuve rassurante que l'on peut très bien préparer en amont.
- Pour réussir sa dissertation, il faut bien connaître la **méthodologie** de l'épreuve, et maîtriser parfaitement les œuvres intégrales étudiées durant l'année (sur lesquelles vous aurez constitué de nombreuses fiches durant vos révisions).

Objectifs de l'épreuve

On vous demande de :

1. répondre à la question que pose le sujet ;

2. trouver une problématique permettant d'élargir la réflexion portée par le sujet ;

3. construire une argumentation élaborée en deux ou trois grandes parties autour de cette problématique ;

4. savoir utiliser vos connaissances et votre interprétation de l'œuvre sur laquelle porte la dissertation, ainsi que des textes appartenant au parcours associé ;

5. utiliser un vocabulaire soutenu, une syntaxe claire, une orthographe rigoureuse.

Quiz

1. **Sur quoi peut porter la dissertation le jour du bac ?**
2. **Combien de parties une dissertation doit-elle comporter au minimum ?**
3. **Par quoi commence l'introduction d'une dissertation ?**

Objectif BAC

1 La dissertation en un coup d'œil

Une introduction rédigée en un seul paragraphe, qui reprend les éléments ci-contre

- Accroche
- Reprise du sujet
- Discussion du sujet
- Problématique
- Annonce du plan

Deux ou trois grandes parties qui sont toutes construites sur le même modèle

[alinéa 1] Annonce de l'axe de la grande partie et des sous-parties.

[alinéa 2] Premier argument, développé en s'appuyant sur des exemples interprétés.

[alinéa 3] Deuxième argument, développé en s'appuyant sur des exemples interprétés.

[alinéa 4] Troisième argument, développé en s'appuyant sur des exemples interprétés.

[alinéa 5] Bilan de la partie et transition vers la partie suivante.

! *On ne saute pas de lignes au sein d'une même partie, mais on saute des lignes entre chaque grande partie !*

- Bilan et réponse à la problématique
- Ouverture

Une conclusion rédigée en un seul paragraphe

La dissertation

2 Réussir sa dissertation : méthode pas à pas

SUJET 1

→ **La Fontaine a cherché à mettre de la « gaieté » dans ses *Fables*, c'est-à-dire « un certain charme, un air agréable qu'on peut donner à toute sorte de sujets même au plus sérieux » (première préface, 1668). Comment se manifeste-t-elle selon vous dans les livres VII à XI ?**

A Analyser le sujet

1re ÉTAPE Travailler sur les mots-clés du sujet

1re étape

Pour définir les mots-clés, on peut avoir recours à l'étymologie.

Définir les termes

Si vous le pouvez, faites référence à l'emploi des termes du sujet par l'auteur lui-même.

« Gaieté » : le terme signifie aujourd'hui bonne humeur et désigne une personne qui est encline à sourire. Mais le fabuliste définit lui-même le sens qu'il donne à ce terme dans la suite de la citation.

« Charme » : le sens de ce terme s'est affadi. Il ne désigne plus aujourd'hui que le caractère agréable de quelque chose - une atmosphère, un art, une personne - alors qu'il désignait autrefois une formule incantatoire, qui pouvait produire un effet magique, la fascination que pouvait exercer une personne ou une chose. La Fontaine emploie ce terme dans la dédicace à Madame de Montespan (« C'est proprement un charme : il rend l'âme attentive. »)

« Air agréable » : le terme « air » suggère une légèreté, quasiment insaisissable ; « agréable » est ce qui plaît aux sens ou à l'esprit. On peut lier « agréable » à « agréer » : recevoir favorablement, accepter.

« Toute sorte de sujets » : ces termes sont faciles à comprendre. Ils font référence à tous les thèmes qui sont développés dans les fables. Cette variété suggérée par l'adjectif indéfini « toute » est un principe revendiqué par La Fontaine. Elle rappelle le fonctionnement des salons où l'on mêle différents sujets de conversation : « Propos, agréables commerces, / Où le hasard fournit cent matières diverses » (« Discours à Madame de la Sablière »).

2e ÉTAPE Questionner le sujet et trouver la problématique

Le sujet propose une thèse, formulée par l'auteur lui-même, et interroge sur sa mise en œuvre dans le texte au programme. Vous n'avez pas à discuter cette thèse. N'essayez pas de montrer que La Fontaine a tort, mais cherchez plutôt à envisager tous les aspects de son propos.

Formulation d'une problématique

Comment La Fontaine traite-t-il avec légèreté la grande variété de sujets qu'il aborde dans ses fables ?

La problématique

La question posée doit être très claire pour vous. Ne vous dissimulez pas derrière une phrase compliquée !

B Chercher des arguments et des exemples

3e ÉTAPE Répondre aux questions posées par la problématique et chercher des exemples

Quels sont les sujets dont parlent les fables ?

- Ils sont très variés : des scènes du quotidien, l'amitié, l'amour, l'argent, ainsi que des thèmes politiques (« La Cour du Roi », VII, 8 ; « Les Animaux malades de la Peste », VII, 2), moraux (« Les deux Pigeons », IX, 1 ; « Les deux Coqs », VII, 14) et philosophiques (« Discours à Madame de la Sablière » ; « Un Animal dans la Lune », VII, 19).

Arguments

Exemples tirés des *Fables*

En quoi peut-on parler de « gaieté » pour les fables ?

- Les personnages et le cadre sont représentés de manière très visuelle, avec des détails pittoresques (« L'Homme qui court après la Fortune et l'Homme qui l'attend dans son lit », VII, 13 ; « Le Paysan du Danube », XI, 7).

D'où vient le plaisir des fables pour le lecteur ou l'auditeur, qu'est-ce qui fait leur charme ?

- La grande variété métrique des fables combat toute lassitude à la lecture (« Le Trésor et les deux Hommes », IX, 16 ; « L'Huître et les Plaideurs », IX, 9).

- Cette variété concerne aussi les registres (La mélancolie dans « Les deux Pigeons », IX, 1 ; l'humour de « La Laitière et le pot au lait », VII, 11 ; la tonalité didactique d'« Un Animal dans la Lune », VII, 19).
- Les effets sonores et poétiques miment souvent l'action.

Comment la légèreté sert-elle les arguments de La Fontaine et les principes qu'il défend ?

- La légèreté, l'humour font partie du dispositif qui permet d'éviter la censure tout en évoquant des sujets politiques (« Le Lion, le Singe et les deux Ânes », XI, 5).
- La Fontaine revendique la fiction et le recours à l'imaginaire comme méthode (« Le Pouvoir des Fables », VIII, 4).
- Dans de nombreuses fables, La Fontaine affirme son goût pour une existence simple et gaie dans laquelle la poésie, l'imagination, la rêverie auraient une place essentielle. Par ailleurs, il critique le pouvoir, l'argent, et ceux qui se prennent trop au sérieux (« Le Pouvoir des Fables », VIII, 4 ; « Le Loup et le Chasseur », VIII, 27).

C Construire un plan

4e ÉTAPE Trouver la structure du plan

La question posée par ce sujet est une **question ouverte** (on ne peut répondre par *oui* ou *non*). Il faut donc que la dissertation soit un développement de la citation avec une **explication des termes du sujet** (les deux premières parties) puis un **prolongement** : on cherchera à rendre compte de la spécificité des *Fables*, l'usage très particulier que La Fontaine y fait de la légèreté et de la gaieté (la troisième partie).

4e étape
Chaque partie est une thèse, une idée : vous pouvez donc la formuler en une phrase.

I. La Fontaine traite une grande variété de sujets…

II. … en leur donnant un air agréable.

III. La gaieté des fables n'est pas seulement un ornement et un ton : elle est une méthode et une philosophie.

Objectif BAC

5e ÉTAPE Faire un plan détaillé

I. La Fontaine traite une grande variété de sujets…

1. Des sujets politiques
2. Des sujets moraux
3. Des sujets philosophiques

II. … en leur donnant un air agréable.

1. Le « développement des circonstances » : La Fontaine travaille le portrait de ses personnages, peint des cadres spatio-temporels variés, construit des intrigues à rebondissements (➔ voir « L'œuvre », p. 18).
2. Une grande variété, source d'un plaisir de lecture toujours renouvelé : variété du mètre, variété des registres, de l'humour à la tragédie.

III. La gaieté des fables n'est pas seulement un ornement et un ton : elle est une méthode et une philosophie.

1. Dans « Les Obsèques de la Lionne » ou « La Cour du Roi », l'apparente légèreté permet d'aborder des sujets dangereux dans le contexte de l'absolutisme monarchique.
2. L'apologue, parce qu'il est distrayant et léger, capte l'attention de lecteurs qui ont du mal à se concentrer, surtout sur des sujets graves.
3. La légèreté, l'humour, le plaisir procuré par le texte expriment les convictions épicuriennes de La Fontaine. Il défend une philosophie du bonheur et du plaisir, qu'on retrouve dans ses fables.

Un apologue

Un apologue est un court récit à visée argumentative.

D Rédiger sa dissertation

6e ÉTAPE Rédiger l'introduction

L'introduction contient généralement un seul paragraphe. Utilisez des connecteurs pour passer d'une étape à l'autre.

Accroche : on choisit ici une notion d'histoire littéraire

Présentation de l'œuvre

Reformulation et **discussion** du sujet

Problématique

Annonce du plan

L'histoire de la fable est fort longue : ce genre est né dans l'Antiquité grecque avec Ésope puis Phèdre. Il convient donc pour les auteurs qui s'en emparent ensuite de marquer leur spécificité, d'imposer leur style propre. La Fontaine publie le second recueil des Fables en 1678, dix ans après le premier recueil qui avait rencontré un grand succès. Les livres VII à XI renouvellent le genre de la fable en proposant des poèmes plus longs, plus développés et parfois aussi plus sérieux. Toutefois, ils ne remettent pas en cause l'ambition du fabuliste, qui affirmait dans la première préface de son œuvre se distinguer de ses modèles anciens par sa « gaieté », c'est-à-dire « un certain charme, un air agréable qu'on peut donner à toute sorte de sujets même au plus sérieux ». Nous nous demanderons donc comment, dans le second recueil, La Fontaine traite avec légèreté la grande variété de sujets qu'il aborde. Pour cela, nous nous interrogerons d'abord sur les thèmes traités et sur leur sérieux. Ensuite, nous nous pencherons sur le « charme » de ces poèmes. Enfin, nous envisagerons la gaieté non comme un ornement plaisant mais comme l'essence même de la fable selon La Fontaine.

7e ÉTAPE Rédiger le corps du devoir

Tout d'abord, il apparaît que La Fontaine envisage une myriade de sujets, dont certains sont « sérieux ». Il procède en honnête homme qui fréquente les salons, et se plaît à envisager autant de questions dans son œuvre qu'on pourrait en aborder chez Madame de la Sablière : « La bagatelle, la science, / Les chimères, le rien, tout est bon : je soutiens / Qu'il faut de tout aux entretiens » (« Discours à Madame de la Sablière »).

En premier lieu, le fabuliste, qui entretient des rapports conflictuels avec le roi depuis l'arrestation en 1661 de son premier mécène, Nicolas Fouquet, traite de questions politiques. Or, parler de la cour sous le règne de Roi Soleil est un sujet sérieux et dangereux s'il en faut. Attaque personnelle ou critique de la tyrannie, La Fontaine fait un portrait sans concession de la cour et de son maître. En effet, le lion est l'animal qui incarne le plus souvent le roi, et sa principale caractéristique est la cruauté. Cela apparaît particulièrement dans « La Cour du Lion », où il suffit que le roi soit « irrité » d'une grimace pour qu'il envoie l'ours « chez Pluton », dans le royaume des morts. La Fontaine met en évidence sa cruauté en en faisant « un parent de Caligula », un empereur romain connu pour sa folie. La cruauté du roi est d'autant plus inquiétante qu'elle s'associe à l'injustice : nul ne peut prévoir qui sera sa prochaine victime. Ainsi, dans « Les Animaux malades de la Peste », on condamne l'âne qui a mangé quelques brins d'herbe tandis que le roi qui a tué un homme est épargné. Enfin, le roi est un être orgueilleux et susceptible : il est « un terrible sire », comme le dit la morale dans « Le Lion, le Singe et les deux Ânes ». Ainsi, La Fontaine, qui sait pourtant l'inimitié que lui porte Louis XIV, n'hésite pas à aborder des questions politiques dans ses fables.

Annonce de la 1re partie

Annonce des **sous-parties**

Annonce des **arguments**

Exemples et **citations** exploités

Formulation d'une **conclusion partielle**

La dissertation

Annonce de la **2e sous-partie**

La Fontaine se penche ensuite sur la nature humaine, et son discours moral, sans être jamais moralisateur, est au cœur du second recueil. Ainsi, il s'inscrit dans la lignée de Saint-Augustin quand il condamne la curiosité, l'une des concupiscences augustiniennes, dans « Les deux Pigeons ». En effet, si l'un des deux pigeons subit les assauts de la nature, des hommes ou d'un vautour, il cause également de la peine à son ami parce qu'il est mû par « le désir de voir et l'humeur inquiète ». Cette fable permet à La Fontaine non seulement de condamner la curiosité mais aussi de célébrer l'amour et l'amitié, valeurs essentielles. De plus, il rejoint les très sérieux moralistes de son temps dans sa condamnation d'une autre concupiscence : l'orgueil. Ainsi, le coq puissant qui l'a emporté sur son rival dans « Les deux Coqs » pâtit de sa morgue : « Son vainqueur sur les toits / S'alla percher, et chanter sa victoire. / Un Vautour entendit sa voix : / Adieu les amours et la gloire ». Le fabuliste s'inscrit bien dans la lignée des moralistes classiques que sont La Bruyère ou La Rochefoucauld, et aborde des thèmes qu'on retrouve chez ces derniers.

Tout aussi sérieuses sont les questions philosophiques qui font leur apparition dans les livres VII à XI. Il s'agit en effet d'une nouveauté sur laquelle le fabuliste s'explique dans le « Discours à Madame de la Sablière » : « ne trouvez pas mauvais / Qu'en ces fables aussi j'entremêle des traits de certaine philosophie / Subtile, engageante, et hardie ». La Fontaine se montre épicurien en ses fables, affirmant la nécessité de jouir de l'instant présent et de se contenter de ce que nous offre la « Fortune », ce qui relève d'une tradition ancienne. Il prend également position sur des sujets philosophiques d'actualité, concernant notamment l'âme des animaux. Il fait ainsi directement allusion à la théorie des animaux-machines de Descartes : « Ils disent donc /

Concupiscence

Dans le lexique chrétien, une concupiscence est la volonté de satisfaire un désir qui n'est pas spirituel : elle conduit l'homme vers les plaisirs de la chair, mais aussi les plaisirs visuels comme la curiosité. Les concupiscences sont condamnées par saint Augustin.

Que la bête est une machine » (« Discours à Madame de la Sablière ») contre lequel il s'inscrit en faux – « J'attribuerais à l'animal, / Non point une raison selon notre manière, / Mais beaucoup plus aussi qu'un aveugle ressort ». C'est encore Descartes qui est visé lorsque La Fontaine s'interroge sur la place des sens dans la connaissance : « Pendant qu'un philosophe assure, / Que toujours par leurs sens les hommes sont dupés » (« Un Animal dans la Lune »). La Fontaine s'approprie un exemple développé par le philosophe (une illusion d'optique nous montre courbe un bâton droit trempé dans de l'eau) pour mieux le contredire : « Quand l'eau courbe un bâton, ma raison le redresse ». Ainsi, la philosophie, que ce soit la philosophie morale et scientifique d'Épicure ou les questions qui opposent Gassendi et Descartes, est bien présente dans le second recueil des Fables.

On peut donc être d'accord avec le fabuliste quand il prétend traiter « toute sorte de sujets », même les plus « sérieux ». Toutefois, à la différence d'hommes politiques pleins de virulente éloquence, de moralistes ou de philosophes qui s'expriment dans des traités argumentatifs, La Fontaine fait preuve d'une certaine légèreté.

Transition vers la grande partie suivante

La Fontaine donne à ses fables « un air agréable ». Il ne doit en aucun cas lasser le lecteur qui pourtant a déjà lu le premier recueil, ni l'ennuyer par une rhétorique trop lourde : « Je hais les pièces d'éloquence / Hors de leur place, et qui n'ont point de fin », professe-t-il en effet dans « L'Écolier, le Pédant et le Maître d'un jardin ».

Annonce de la **2e grande partie**

Pour leur conférer de la « gaieté », le fabuliste développe les « circonstances » de ses fables et ce davantage dans le deuxième recueil que dans le premier. Il a à cœur de préciser le décor des intrigues aux multiples péripéties qui mettent en scène des personnages dont le portrait est soigneusement brossé.

Ainsi, La Fontaine situe certains de ces récits dans des lieux précis. Pour ce qui est des lieux réels, on peut citer des endroits aussi différents qu'Abdère, colonie grecque (« Démocrite et les Abdéritains », VIII, 26), Mogol ou même le Japon (« L'Homme qui court après la Fortune et l'Homme qui l'attend dans son lit », VII, 11). Pour ce qui est des personnages, on peut mentionner la description du « Paysan du Danube » (XI, 7) : « Son menton nourrissait une barbe touffue, / Toute sa personne velue / Représentait un ours, mais un ours mal léché ». En trois vers, le fabuliste esquisse une silhouette que l'on peut aisément visualiser. Enfin, à mesure que le récit se développe, le nombre de péripéties augmente. Ainsi, dans « Les deux Pigeons » (IX, 2), le pigeon voyageur est successivement victime des intempéries, d'un piège, d'un Vautour, d'un Aigle et enfin d'un enfant armé d'une fronde. On est loin de l'esthétique de concentration de la fable telle qu'elle était pratiquée par Ésope.

De plus, La Fontaine n'est pas seulement un agréable conteur, c'est aussi un poète dont la musique charme les oreilles les plus inattentives. Pour ce faire, dans la majorité des cas, La Fontaine, qui cultive la variété, choisit l'hétérométrie. Ainsi dans « Le Trésor, et les deux Hommes », le fabuliste joue sur l'association de vers longs et de vers brefs. Le vers 21 de deux syllabes (« Absent ») contraste par sa brièveté avec la longueur des alexandrins qui l'encadrent. Il s'agit de mettre en valeur le choc subi par l'homme au trésor. Dans « L'Huître et les deux Plaideurs », le débat entre les deux plaideurs est rendu dynamique par le recours aux octosyllabes, qui contraste avec la parole satisfaite et sentencieuse du juge qui ne peut s'exprimer que par des alexandrins : « Tenez, la Cour vous donne à chacun une écaille / Sans dépens, et qu'en paix chacun chez soi s'en aille ». L'hétérométrie attire l'attention du lecteur sur les temps forts du récit, rend ce dernier enlevé et participe de son dynamisme et de sa « gaieté ».

Enfin, la magie des fables, qui fait dire au critique Alain Rey qu'elles sont « plaisantes à savourer », réside aussi dans la variété des registres. Le fabuliste aime à faire éprouver à son lecteur des émotions différentes. C'est pour cela qu'il précise que la gaieté ne se confond pas avec le rire. Si « La Laitière et le pot au lait » présente quelques traits de la farce (« Le récit en farce en fut fait ») avec un comique de geste (« Perrette là-dessus saute aussi, transportée ») et un comique de mots (« Je suis Gros-Jean comme devant »), les fables ne jouent pas toutes sur ce même registre. Ainsi, « Les deux Pigeons » s'apparente à de la poésie amoureuse avec l'emploi du registre élégiaque, surtout dans la seconde partie de la fable (« Amants, heureux amants, voulez-vous voyager ? »). La fable « Un Animal dans la Lune », quant à elle, déploie un registre didactique comme le montre l'énumération précise des conditions dans lesquelles on peut se fier à sa vue (« Mais aussi si l'on rectifie / L'image de l'objet sur son éloignement, / Sur le milieu qui l'environne / Sur l'organe et sur l'instrument, / Les sens ne tromperont personne »). Ainsi, la variété de tons que présentent les fables du second recueil contribue à leur charme.

Si La Fontaine traite de sujets variés et parfois sérieux, il le fait avec légèreté et sait se montrer agréable à son lecteur. Toutefois, la gaieté des fables n'est pas seulement un ornement destiné à mettre en valeur une idée grave. Elle constitue en effet le cœur de l'écriture du poète.

Annonce de la 3e grande partie

La « gaieté » des fables n'est pas seulement une enveloppe agréable. Elle est indissociable des sujets qui sont traités dans la fable, si sérieux soient-ils.

Tout d'abord, La Fontaine évoque des thèmes qu'il est bien audacieux d'envisager au Grand Siècle. Dès lors, l'apparente légèreté de son propos devient un fragile rempart face à la censure. Ainsi, on l'a vu, La Fontaine fait souvent la satire de la cour. La fable, allégorique, imagée, protège quelque peu le fabuliste de l'autorité royale, ainsi que le notera Voltaire dans son Dictionnaire philosophique : « on ne peut guère parler à un tyran qu'en paraboles » (article « Fable »). Il faut toute la délicatesse de l'imagination, l'agrément de la « gaieté » pour formuler des reproches au roi. Le Singe, « maître ès arts, qui n'était pas un fat », le sait bien qui pour donner une leçon au roi recourt à un apologue mettant en scène deux ânes (« Le Lion, le Singe et les deux Ânes »). La « gaieté » est donc un médium indispensable pour traiter certains sujets polémiques.

De plus, la gaieté des fables semble le seul et unique moyen de parler sérieusement aux hommes, qui sont parfois comme des enfants. En effet, le moraliste qu'est La Fontaine sait que les hommes sont souvent volages et qu'ils n'écoutent pas toujours, même quand leur vie elle-même est en danger (« Et du péril qui le menace / Lui seul entre les Grecs [ce peuple] néglige l'effet », « Le Pouvoir des Fables »). Ni la gravité du sujet, ni la violence de la rhétorique ne peuvent capter son attention. En revanche, une parole gaie et légère sait les charmer (« l'assemblée / Par l'apologue réveillée / Se donne entière à l'orateur »). Ainsi, il ne sert à rien de traiter de sujets sérieux si on ne le fait avec gaieté : on n'atteindra pas son public.

Enfin, on peut peut-être aller plus loin : et si la « gaieté » dans les Fables n'était pas un supplément ajouté aux sujets sérieux pour contourner la censure, ou capter l'attention fragile d'un auditoire trop enfantin, mais l'enjeu même de l'écriture de La Fontaine ? Et si le fabuliste épicurien faisait dans ses Fables l'apologie de la « gaieté », du charme et du plaisir ? Revenons un instant sur « Le Pouvoir des Fables ». La Fontaine pourrait conclure sur la vanité des hommes incapables de percevoir la gravité des dangers qui les entourent, sur l'efficacité de l'apologue dans le processus de persuasion. Il termine pourtant sa fable sur le « plaisir extrême » que procure l'imagination, et non sur l'efficacité de l'argumentation :

« [...] et moi-même,
Au moment que je fais cette moralité,
Si Peau d'âne m'était conté,
J'y prendrais un plaisir extrême. »

La pensée contenue dans la fable serait donc une prise de conscience des plaisirs de l'imagination. La Fontaine n'adopte pas la supériorité du professeur mais l'humour, la familiarité du confident pour exposer une pensée épicurienne fondée sur le plaisir de l'instant présent. Lire une fable, c'est avant tout apprécier les méandres de l'imagination qui s'y déploie. Faut-il forcément chercher un supplément à ce plaisir, une pensée qui s'ajouterait à la connaissance de soi et de ce qui nous plaît que nous procure la fable ? Ce faisant, ne nous comportons-nous pas comme les deux « gloutons » que sont le loup et le chasseur (« Le Loup et le Chasseur ») ? Ils périssent de chercher toujours plus, de ne point se satisfaire de ce qu'ils ont, de rester sourds aux recommandations du fabuliste qui nous dit (« Jouis ») et nous répète (« il faut que l'on jouisse ») qu'il faut savoir apprécier le plaisir quand il se présente à nous.

8e ÉTAPE Rédiger la conclusion

Ainsi, il apparaît dans les livres VII à XI des Fables que La Fontaine traite de toute sorte de sujets, même les plus graves mais il le fait toujours avec « gaieté » : les circonstances de ses récits, la virtuosité de ses vers et la variété des registres en témoignent. S'il agit ainsi, ce n'est point par coquetterie, mais parce que la légèreté est nécessaire à son propos : elle permet de détourner les foudres royales, de charmer le lecteur et surtout elle est affirmation du plaisir comme règle de vie épicurienne. La « gaieté » des Fables de La Fontaine dépasse donc l'équilibre « placere-docere » de l'esthétique classique pour devenir une véritable leçon de vie.

Réponse à la problématique en synthétisant rapidement les parties de la dissertation

Ouverture

SUJET 2 → **Alain Rey écrit à propos de La Fontaine : « Ses fables sont aussi difficiles à décrypter que plaisantes à savourer ». Votre lecture des fables VII à XI vous permet-elle de souscrire à ce jugement ?**

A Analyser le sujet

1re ÉTAPE Travailler sur les mots-clés du sujet

« Difficiles à décrypter » : on rapproche les deux termes puisqu'il semble que la difficulté vient du cryptage du message contenu dans les *Fables*. S'il faut décrypter, c'est que le message est codé, dissimulé. L'auteur aurait donc à cœur de masquer un message, que le lecteur devrait à son tour dévoiler. On peut s'interroger sur les raisons de ce procédé : pourquoi coder son propos ?

« Plaisantes à savourer » : là encore les deux termes semblent redondants et on a envie de les considérer ensemble. L'adjectif « plaisantes » suggère de la légèreté mais aussi du plaisir. Quant au verbe « savourer », il implique un plaisir plus sensuel qu'intellectuel. Il suppose aussi une durée.

« Aussi » : l'adverbe montre que les deux propositions, bien qu'elles semblent opposées, ont toutes les deux la même importance. Il n'y a pas de hiérarchie : le critique ne privilégie pas le message codé, au détriment du plaisir qui ne serait que secondaire.

> **1re étape**
> Ne pas oublier de définir les « petits » mots : adverbes, conjonctions… Ils sont souvent très importants.

2e ÉTAPE Formuler la problématique

Type de sujet

Le sujet vous propose une thèse, qui comprend deux aspects, et vous demande si vous y souscrivez. Vous devez donc étayer la thèse, mais aussi la nuancer.

> **2e étape**
> Nuancer ne veut pas dire nécessairement contredire…

Problématique

Le plaisir que l'on prend à lire les fables de La Fontaine n'est-il qu'un moyen pour le fabuliste de transmettre un message ou est-il indissociablement lié à la leçon morale qu'elles véhiculent ?

B Construire un plan et rédiger

2 propositions

Nous vous proposons deux plans détaillés pour ce sujet.

Proposition 1

3e ÉTAPE Faire un plan détaillé

Utiliser le dossier

Les références au cours et les exemples sont indiqués en bleu.

I. Des fables difficiles à décrypter

1. Un fonctionnement allégorique : sur les personnages allégoriques (→ voir « L'œuvre », « Les personnages », p. 22)

2. Un dialogue complexe entre le récit et la morale (→ voir « L'œuvre », « Des morales variées », p. 20)

3. Une difficulté qui s'accroît au fil des siècles : les fables contiennent de nombreuses allusions aux événements du Grand Siècle, et contiennent des termes dont le sens a évolué.

II. Des fables plaisantes à savourer

1. Des récits vivants (→ voir « L'œuvre », « Des récits vivants », p. 18)

2. Une poésie enlevée (→ voir « L'œuvre », « Des textes poétiques », p. 21)

3. Des registres variés (→ voir « L'œuvre », « Des textes poétiques » p. 21)

III. Le rôle du plaisir dans le décryptage des fables

1. Le plaisir comme code : l'écriture de récits plaisants et merveilleux est un moyen pour transmettre :

a. une satire de la cour qui ne serait pas admise si elle n'était pas codée (→ voir « L'œuvre », « La satire de la cour », p. 25) ;

b. un discours moralisateur qui ne serait pas entendu par un public qui se comporte trop souvent comme un enfant (→ voir « L'œuvre », « Le regard du moraliste », p. 23).

2. Le plaisir comme message : le plaisir n'est pas seulement un moyen de faire entendre le message mais aussi une fin en soi. La Fontaine, épicurien, veut que ses lecteurs prennent conscience de l'importance du plaisir (→ voir « L'œuvre », « L'épicurisme de La Fontaine », p. 24).

4e ÉTAPE Rédiger l'introduction

Les Fables de La Fontaine, dont le second recueil - les livres VII à XI - est publié en 1678, font aujourd'hui l'objet de traitements antithétiques : les uns s'en emparent comme de contes entraînants, les font apprendre aux enfants ou les mettent en scène, les autres leur accordent de nombreux essais, les observent à la loupe, cherchant à mettre au jour leur subtil secret. Alain Rey, critique contemporain, réconcilie les uns avec les autres en écrivant à propos du fabuliste : « Ses fables sont aussi difficiles à décrypter que plaisantes à savourer ». Il accorde une même importance au message codé qui serait véhiculé par les fables qu'au plaisir sensuel qu'elles procureraient. Le plaisir que l'on prend à lire les fables de La Fontaine n'est-il qu'un moyen pour le fabuliste de transmettre un message ou est-il indissociablement lié à la leçon morale qu'elles véhiculent ? Nous verrons en quoi les fables présentent des obstacles à la compréhension, qui n'enlèvent rien à la volupté qu'elles procurent. Nous nous interrogerons ensuite sur le lien entre ces deux caractéristiques que sont la difficulté et le plaisir.

Proposition 2

3e ÉTAPE Faire un plan détaillé

I. Des poèmes plaisants, des récits savoureux qui dissimulent un message à décrypter

1. Le plaisir est nécessaire pour capter l'attention des lecteurs (➜ voir « L'œuvre », « Le regard du moraliste » p. 23).

2. Le récit plaisant permet de faire passer un message polémique (➜ voir « L'œuvre », « La satire de la cour », p. 25).

3. Un message difficile à décrypter : voir la partie I de la proposition 1.

II. Le plaisir des fables contribue à l'élaboration d'un message

1. Les *Fables* ne transmettent pas un message caché mais invitent le lecteur à composer une réflexion propre : voir la proposition de paragraphe ci-dessous.

2. Le message ne préexiste pas à la fable, il se construit dans le plaisir de la narration : voir la proposition de paragraphe ci-dessous.

3. Le message à décrypter est lui-même source de plaisir (➜ voir « L'œuvre », « L'épicurisme de La Fontaine », p. 24).

4e ÉTAPE Deux paragraphes rédigés : II, 1 et II, 2

1er paragraphe
Rédaction de la partie II, 1.

Tout d'abord, les fables ne contiennent pas nécessairement un message qui leur préexiste et que l'auteur aurait crypté pour qu'il soit entendu tel qu'il l'a conçu. Ainsi, la légèreté des fables, le plaisir que le lecteur éprouve, l'amènent à concevoir par lui-même une pensée. En effet, certaines fables n'ont pas de moralité explicite. Le fabuliste laisse donc le lecteur observer, imaginer et comprendre. Tantôt, il l'interroge

La dissertation

directement : « Qui désignais-je, à votre avis, / Par ce Rat si peu secourable ? » (« Le Rat qui s'est retiré du monde ») ou encore « que t'en semble, lecteur ? » (« Les deux Amis »). Tantôt le moraliste se tait et laisse le conteur parler pour deux. La morale est alors totalement implicite. C'est le cas dans « Le Savetier et le Financier » par exemple. Le lecteur, conduit par le récit vif et alerte, est convié à traiter par lui-même des questions importantes : des questions de société - hiérarchie sociale, place de l'argent - et des questions morales - valeurs, superflu... Le fabuliste ne dicte pas un message mais invite à la réflexion.

2e paragraphe

Rédaction de la partie II, 2.

Mais on peut aller plus loin. Il semble parfois y avoir un décrochage entre le récit et la morale. On a ainsi le sentiment que le fabuliste lui-même découvre le message qu'il va transmettre à ses lecteurs dans le plaisir de l'écriture, de la composition - un peu à la manière d'un musicien - d'un récit léger et plaisant. Par exemple, dans « La Laitière et le Pot au lait », le récit empreint de gaieté semble préfigurer une morale réprobatrice sur les dangers de la rêverie. On pourrait penser que la saveur du récit est destinée à servir cette morale quelque peu convenue. Au contraire, La Fontaine reconnaît qu'il s'agit là d'un défaut tout humain, qui procure de surcroît un immense plaisir. Ainsi, on a le sentiment qu'au fur et à mesure de son récit, porté par son imagination qui campe la Laitière « Cotillon simple et souliers plats », qui lui laisse la parole donnant corps à la rêverie (« une vache et son veau, / Que je verrai sauter au milieu du troupeau »), La Fontaine lui-même en vient à formuler sa pensée. Son intention première pourrait en quelque sorte se trouver modifiée par le plaisir du récit. Le message qu'il adresse « in fine » à son lecteur n'aurait sans doute pas été le même s'il n'avait pas éprouvé une telle jouissance à imaginer un récit si plaisant et un poème si enlevé.

Objectif BAC

SUJET 3

→ « Les fables ne fonctionnent pas seulement comme des « enveloppes » [...] mais aussi comme des télescopes utilisables par chaque lecteur » écrit Jean-Charles Darmont, critique contemporain, à propos des *Fables* de La Fontaine. Comment ce jugement s'applique-t-il aux livres VII à XI des fables ?

A Analyser le sujet

1re ÉTAPE Travailler sur les mots-clés du sujet

« Enveloppe » : une enveloppe recouvre un objet, pour le protéger, le dissimuler, changer son apparence. Parler d'enveloppe suppose également d'évoquer ce qui est enveloppé, qui a besoin d'être protégé, mis en valeur ou au contraire dissimulé.

« Télescope » : instrument utilisé pour l'observation d'objets lointains peu visibles à l'œil nu. Galilée invente les premiers télescopes ou lunettes. La Fontaine fait allusion à ces appareils dans « Un Animal dans la Lune »,VII, 18 (« La lunette placée, un animal nouveau / Parut dans cet astre si beau »).

« Utilisables » : le terme suppose une action de la part du lecteur qui ne reste pas passif mais s'empare de la fable pour l'utiliser à son profit, pour observer à son tour.

2e ÉTAPE Formuler la problématique

Type de sujet

La citation contient en fait deux thèses : les fables sont une enveloppe et les fables sont un télescope. Le critique préfère la seconde à la première. Vous devez donc envisager le bien-fondé de l'une et de l'autre de manière à les comparer à votre tour. Rien ne vous oblige à adhérer à la hiérarchie établie par Jean-Charles Darmont.

La dissertation

Problématique

Les fables sont-elles un écrin pour une pensée ou un outil permettant au lecteur de mieux voir le monde ?

B Construire un plan et rédiger

3e ÉTAPE Faire un plan détaillé

I. Les fables comme des enveloppes...

1. Un écrin qui attire l'attention : Chaque fable renferme un récit dont les « circonstances » sont développées pour capter l'attention du lecteur (→ voir « L'œuvre », « L'écriture des fables », p. 18, et « Le parcours », « L'imagination, élégance de la pensée », p. 33).

2. Une protection : parfois, une pensée politique et polémique doit se dissimuler sous une enveloppe légère. C'est le cas quand La Fontaine fait la satire de la monarchie (→ voir « L'œuvre », « La satire de la cour », p. 25, et « Le parcours », « L'imagination, masque d'une pensée audacieuse », p. 31).

3. Un masque que l'on a envie de lever : le fabuliste joue un jeu avec le lecteur. On peut dire que les enveloppes sont entrouvertes. Le lecteur aperçoit le message grâce à la moralité, mais pour en percevoir tous les tenants et les aboutissants, il doit lire la fable en entier (→ voir « L'œuvre », « Des morales variées », p. 20).

II. ... qui recèlent de précieuses richesses

1. Un discours politique (→ voir « L'œuvre », « La satire de la cour », p. 25).

2. Un propos moral (→ voir « L'œuvre », « Le regard du moraliste », p. 23).

3. Des remarques scientifiques (→ voir « L'œuvre », « L'épicurisme de La Fontaine », p. 24).

III. Mais le lecteur peut s'en emparer et les utiliser à son compte

1. Changer de point de vue : le récit permet de changer son point de vue sur un thème donné (→ voir « Le parcours », « l'imagination, source de la pensée », p. 36).

2. Prolonger une réflexion : à travers le récit, le lecteur est invité à penser par lui-même et non pas seulement à ouvrir l'enveloppe pour voir ce que le fabuliste y a caché (→ voir « Le parcours », « l'imagination, source de la pensée », p. 36).

4e ÉTAPE Rédiger une introduction

Si bon nombre de penseurs et de philosophes de l'âge classique, à la suite de Galilée et Copernic, sont persuadés que la terre est ronde et qu'elle tourne autour du soleil, ils ne peuvent le démontrer. Ils doivent alors renoncer à leurs télescopes, à leurs outils scientifiques, à la raison même et imaginer une idée qu'ils ne peuvent prouver. L'imagination serait donc un relais de la pensée. Là où la pensée s'arrête, l'imagination triomphe. Les fables, en tant que récits pleins d'imagination, seraient donc des espaces de construction d'une réflexion. C'est ce que suggère le critique Jean-Charles Darmont lorsqu'il évoque les Fables de La Fontaine : « Les fables ne fonctionnent pas seulement comme des "enveloppes" [...] mais aussi comme des télescopes utilisables par chaque lecteur ». Nous interrogerons ce point de vue sur le second recueil, les livres VII à XI, parus en 1678, en nous demandant si les fables sont un écrin pour une pensée ou un outil permettant au lecteur de mieux voir le monde. Nous montrerons ensuite que si elles sont une enveloppe, elles recèlent un bien précieux qu'il nous faudra décrypter. Puis, nous verrons dans une dernière partie que le lecteur peut s'en emparer et s'en servir pour à son tour voir plus loin.

1 Méthodologie pour lire à voix haute

A Articuler et contrôler son débit

• Il s'agit de ne pas lire trop vite, ni trop doucement et de bien articuler pour rendre la lecture compréhensible. Pour cela, entraînez-vous chez vous à lire **tous** les passages que vous allez présenter à l'oral, en particulier les mots sur lesquels vous risquez de buter.

• Voici un exemple avec les premiers vers de « La Fille » (VII, 5). Les virgules doivent vous guider pour poser votre voix et adopter un rythme qui vous semblera lent mais qui est le bon. Vous remarquerez aussi qu'il n'y a pas de virgule après « fière » ni après « mari » : vous ne devez pas marquer de pause à la fin de ces deux vers afin de respecter l'enjambement et de donner au passage la forme d'un récit.

> Certaine Fille un peu trop fière
> Prétendait trouver un mari
> Jeune, bien fait et beau, d'agréable manière,
> Point froid et point jaloux : notez ces deux points-ci.

B Adapter le ton

• Les moralités, prises en charge par un narrateur souvent ironique, parfois mélancolique, ne sont pas lues de la même manière que les récits, qui font alterner récits et dialogues.

• Voici les derniers vers de la fable « L'Âne et le Chien » (VIII, 17). L'âne a refusé son aide au chien qui avait faim, et lorsque l'âne en danger de se faire dévorer par le loup implore son aide, le chien se venge et ne lui porte pas secours. On entend donc la voix ironique du chien qui sait bien que dans un combat, l'âne n'aura pas le dessus. C'est le narrateur qui raconte la chute, et en souligne la cruauté : on insistera sur « étrangla » et « sans remède ». Enfin, après un temps d'arrêt qu'il convient de marquer, le poète prend la parole pour clore la fable, sur un ton plus neutre et didactique.

Le Chien ne bouge, et dit : « Ami, je te conseille
De fuir, en attendant que ton maître s'éveille ;
Il ne saurait tarder ; détale vite, et cours.
Que si ce Loup t'atteint, casse-lui la mâchoire.
On t'a ferré de neuf ; et si tu me veux croire,
Tu l'étendras tout plat. » Pendant ce beau discours
Seigneur Loup étrangla le Baudet sans remède.
Je conclus qu'il faut qu'on s'entraide.

C Faire vivre les dialogues

- Les fables contiennent généralement des saynètes dans lesquelles jouent des personnages et qui imposent une sorte de mise en scène.
- Les dialogues sont souvent au style direct, mais parfois aussi au style indirect. Il convient dans les deux cas de faire entendre les voix des personnages. Les deux animaux ont des caractères bien différents : l'impulsivité est marquée par la ponctuation et le lexique, proche de l'insulte, la belette répond par une argumentation construite et maîtrisée, digne du « nez pointu » qui la caractérise.

Parmi le thym et la rosée.
Après qu'il eut brouté, trotté, fait tous ses tours,
Jeannot Lapin retourne aux souterrains séjours.
La Belette avait mis le nez à la fenêtre.
« Ô Dieux hospitaliers ! que vois-je ici paraître ?
Dit l'animal chassé du paternel logis.
Hola ! Madame la Belette,
Que l'on déloge sans trompette,
Ou je vais avertir tous les rats du pays. »
La dame au nez pointu répondit que la terre
Était au premier occupant.
C'était un beau sujet de guerre
Qu'un logis où lui-même il n'entrait qu'en rampant !
« Et quand ce serait un royaume,
Je voudrais bien savoir, dit-elle, quelle loi
En a pour toujours fait l'octroi
À Jean, fils ou neveu de Pierre ou de Guillaume,
Plutôt qu'à Paul, plutôt qu'à moi. »

2 L'explication linéaire et la question de grammaire

EXPLICATION LINÉAIRE 1

« Le Berger et le Roi », X, 9, v. 31-51

[…] Et notre Ermite poursuivit :
« Voyez combien déjà la Cour vous rend peu sage.
Je crois voir cet Aveugle, à qui dans un voyage
Un serpent engourdi de froid
Vint s'offrir sous la main : il le prit pour un fouet.
Le sien s'était perdu, tombant de sa ceinture.
Il rendait grâce au Ciel de l'heureuse aventure,
Quand un passant cria : « Que tenez-vous ? ô Dieux !
Jetez cet animal traître et pernicieux[1],
Ce serpent. – C'est un fouet. – C'est un serpent, vous dis-je :
À me tant tourmenter quel intérêt m'oblige ?
– Prétendez-vous garder ce trésor ? – Pourquoi non ?
Mon fouet était usé ; j'en retrouve un fort bon ;
Vous n'en parlez que par envie ».
L'Aveugle enfin ne le crut pas,
Il en perdit bientôt la vie.
L'animal dégourdi piqua son homme au bras.
Quant à vous, j'ose vous prédire
Qu'il vous arrivera quelque chose de pire.
– Eh, que me saurait-il arriver que la mort ?
– Mille dégoûts viendront, dit le prophète Ermite. […]

A Présentation du passage et projet de lecture

- **Présentation du contexte biographique.** Voir pages 4 à 5.
- **Présentation du contexte littéraire et culturel.** Voir pages 6 à 10.
- **Présentation du passage**. Nous étudions les vers 31 à 51 de la fable « Le Berger et le Roi » (X, 9). Le Roi a invité un berger à la cour afin qu'il y devienne juge. Son ancien ami et voisin, un ermite, vient lui rendre visite et lui raconte une

1. Dangereux.

histoire. Il veut le mettre en garde par cet apologue car il craint pour celui qui a acquis une place importante à la cour « d'illustres malheurs ».

- **Lecture**
- **Exposé de la problématique.** Comment l'apologue prononcé par l'Ermite se révèle-t-il efficace pour mettre en garde le Berger sur les dangers de la cour ?

B Analyse linéaire

→ Premier mouvement

Vers 31 à 37 : Une histoire d'aveugle

Et notre Ermite poursuivit :
« Voyez combien déjà la Cour vous rend peu sage.
Je crois voir cet Aveugle à qui dans un voyage
Un Serpent engourdi de froid
Vint s'offrir sous la main : il le prit pour un fouet.
Le sien s'était perdu, tombant de sa ceinture.
Il rendait grâce au Ciel de l'heureuse aventure. »

Lecture à voix haute

À la lecture, il faut faire entendre le passage au discours direct et le ton un peu sentencieux de l'Ermite.

- L'adjectif possessif « notre » crée un lien de connivence entre le fabuliste et le lecteur. Le fabuliste ne cautionne pas le ton quelque peu sentencieux et supérieur qu'utilise l'Ermite.
- L'Ermite emploie un impératif d'ordre ou de conseil. Il se présente comme celui qui est clairvoyant (« Je crois voir ») face au Berger qui est aveuglé par sa position à la cour. Le champ lexical du regard qui se déploie dans les vers suivants met en évidence le désir de l'Ermite de « faire voir » à son ami le Berger ce qu'il ne voit pas parce qu'il est « aveuglé » par la cour et ses ambitions. On note l'adverbe de temps « déjà » placé juste avant la césure qui suggère une gradation dans l'aveuglement du berger, dans son manque de sagesse. L'Ermite prédit l'avenir, comme à la fin de l'extrait. « La Cour », placé juste après la césure, est sujet du verbe : c'est donc la cour qui est responsable de la métamorphose du Berger. C'est à cause d'elle qu'il a perdu sa sagesse. On observe un procédé similaire plus loin puisque c'est un serpent qui se présente à l'Aveugle et non l'Aveugle qui le

trouve (« Vint s'offrir »). Le fabuliste vise donc non seulement les ambitieux, les orgueilleux mais aussi et surtout la cour qui les rend tels. Le Berger n'est donc pas seulement un coupable, c'est aussi une victime.

Une allégorie
Une allégorie est la représentation d'un principe ou d'une idée à l'aide d'un objet, d'un animal ou d'un personnage.

- Le vers 34 est tout entier occupé par le sujet, ce qui le met en valeur. De plus, la position de sujet suggère que l'Aveugle n'a pas cherché à trouver le serpent, ou un fouet, pas plus que le Berger n'a cherché une place importante à la cour. Le Serpent, comme l'Aveugle, trouve une dimension allégorique grâce à la majuscule. Il est doté d'une connotation religieuse : le Serpent, selon l'Ancien Testament, est l'incarnation du mal.
- « Le sien s'était perdu, tombant de sa ceinture » : on peut noter l'extrême régularité du vers, qui suggère la logique, l'explication rationnelle. Cette rationalité va être aussitôt brisée par le commentaire de l'Aveugle au vers suivant.

L'ironie dramatique
C'est une expression du vocabulaire théâtral : un personnage ignore des informations qui le concernent et dont un autre personnage dispose.

- Le vers 38 relève de l'ironie dramatique parce qu'au lieu de comprendre le danger, l'Aveugle croit en sa chance. Le rythme régulier de l'alexandrin met en évidence sa satisfaction. « Ciel » est mis en valeur à la césure. Ce qu'il croit être un cadeau des dieux va causer sa mort. Cela permet d'apprécier son aveuglement, qui n'est pas seulement physique, mais aussi moral.
- Parce que le Berger est aveuglé par la cour, il ne peut ni ne veut entendre les craintes de l'Ermite. Ce dernier recourt donc à un récit pour lui montrer les dangers de la cour. Ce récit met en scène un personnage qui ressemble fort au Berger : ils sont tous les deux aveugles.

→ Deuxième mouvement

Vers 38 à 44 : Un dialogue de sourds

Lecture à voix haute

- Vous devez faire entendre l'affolement du passant.
- « Fouet » : n'oubliez pas de prononcer les deux syllabes de la diérèse, fou-et.
- Distinguez bien les deux voix : le passant affolé et l'Aveugle, sûr de lui et calme.

Objectif BAC

> « Quand un passant cria : Que tenez-vous, ô Dieux !
> Jetez cet animal traître et pernicieux,
> Ce Serpent. – C'est un fouet. – C'est un Serpent, vous dis-je.
> À me tant tourmenter quel intérêt m'oblige ?
> Prétendez-vous garder ce trésor ? – Pourquoi non ?
> Mon fouet était usé ; j'en retrouve un fort bon ;
> Vous n'en parlez que par envie »

Les attitudes de l'Aveugle

L'Aveugle pour la première fois attaque le passant. Il faut faire entendre ce passage d'une justification à une agression.

• À l'intérieur du récit au discours direct intervient un dialogue entre un passant et l'Aveugle. Le dialogue a d'abord pour rôle de dynamiser le récit. C'est en effet un dialogue rapide. Le vers 40, par exemple, rassemble trois répliques. De plus, il met en évidence le contraste entre celui qui est lucide, qui comprend le danger, et celui qui est aveuglé. Le passant s'affole et se met en colère contre l'Aveugle (ponctuation expressive) qui, lui, reste calme comme le montre la régularité de l'alexandrin qu'il emploie dans sa réponse (« Mon fouet était usé ; j'en retrouve un fort bon »).

• Dans un premier temps, le passant a peur. Il crie parce qu'il est inquiet, c'est ce que traduit l'exclamative. Mais devant l'aveuglement de son interlocuteur qui prétend mieux voir que celui qui voit, il en vient à parler avec colère. C'est le sens de la répétition et de l'insistance (« vous dis-je »).

• Au vers 43, le passant pose une question sans réponse. Il n'a aucune raison de s'arrêter si ce n'est pour empêcher la mort de l'Aveugle. Au vers 44, l'Aveugle pourtant apporte une réponse, erronée bien sûr.

• Le passant recourt ici à l'ironie. Il cherche différents moyens de faire réagir l'Aveugle, mais ce dernier n'y est pas sensible, puisqu'il ne voit pas le danger qui le menace.

• L'Aveugle explique l'intérêt du passant. Il le soupçonne d'être intéressé par ce qu'il a trouvé, d'être animé par la jalousie : « Vous n'en parlez que par envie ».

• Ces vers mettent en lumière l'aveuglement de l'Aveugle : son aveuglement physique se double d'un aveuglement moral. Il ne veut pas entendre les avertissements qu'on lui donne parce qu'il soupçonne les conseils d'être intéressés.

La polyphonie dans les fables

La Fontaine met en scène ses personnages dont on entend les voix qui expriment leur caractère et leurs émotions.

Saisir l'ironie

L'ironie consiste à dire le contraire de ce qu'on veut faire entendre. Pour le passant, le Serpent n'est en aucun cas un trésor ; bien au contraire, il menace celui qui le tient.

L'oral

Troisième mouvement

Vers 45 à 47 : la chute du récit

> « L'Aveugle enfin ne le crut pas ;
> Il en perdit bientôt la vie.
> L'animal dégourdi piqua son homme au bras. »

Lecture à voix haute

Changez de ton ! Il ne s'agit plus du dialogue entre le passant et l'Aveugle, mais d'un récit du fabuliste.

- Le récit se conclut par deux octosyllabes et un alexandrin. La chute est rapide. L'Aveugle n'a pas joui longtemps de sa trouvaille. La chute est d'autant plus brutale qu'elle suit immédiatement les propos satisfaits de l'Aveugle.
- L'Aveugle est puni. Il lui arrive exactement ce contre quoi on avait en vain essayé de le mettre en garde.

Quatrième mouvement

Vers 48 à 51 : la morale

> « Quant à vous, j'ose vous prédire
> Qu'il vous arrivera quelque chose de pire. »
> – Eh ! que me saurait-il arriver que la mort ?
> – Mille dégoûts viendront, dit le prophète Ermite.

Lecture à voix haute

Mettez le pronom « vous » en valeur. C'est lui qui indique la fin de l'apologue enchâssé et le retour au récit.

- L'Ermite revient à son dialogue avec le Berger et s'adresse directement à lui pour expliciter le lien entre l'apologue qu'il vient de raconter et la situation du Berger.
- Selon l'Ermite, le Berger est comme l'Aveugle. La « balance » que lui a offerte le Roi pour lutter contre l'injustice est comme le Serpent qu'a trouvé l'Aveugle. Il pense que c'est un gain, mais cela causera sa perte. L'emploi du futur de certitude ne laisse aucun doute à ce sujet. Il précise ensuite ce qu'il entend par « pire », par le biais d'une hyperbole : « Mille dégoûts ». L'Ermite veut démontrer que le charme de la cour est un leurre et qu'il faut ouvrir les yeux au lieu de se laisser aveugler par son ambition.
- L'interjection exclamative « Eh ! » montre que le Berger ne croit pas aux prédictions de l'Ermite. Il prend ses annonces funestes à la légère. L'apologue enchâssé, pas plus que la menace explicite de l'Ermite, ne lui ont ouvert les yeux.
- L'inefficacité de l'apologue dans ce contexte montre *a contrario* le pouvoir immense de la cour qui aveugle tant ses victimes que rien ne peut leur rendre leur lucidité.

Apologue enchâssé

Dans les fables qui sont des apologues, La Fontaine insère d'autres fables, à la manière de poupées russes. Ici, l'histoire racontée par l'Ermite est une fable dans la fable.

Conclusion

L'Ermite recourt à un apologue pour étayer sa pensée parce que le Berger est déjà aveuglé. Il n'est pas prêt à entendre des propos rationnels (pas plus que l'Aveugle n'a été capable d'entendre les propos du passant). Il faut donc recourir à un autre moyen de lui ouvrir les yeux. Toutefois, l'apologue enchâssé échoue également. C'est donc un moyen pour le fabuliste de dénoncer la cour qui rassemble des ambitieux qui s'y perdent.

C Question de grammaire

Commentez la construction de l'interrogative : « Pourquoi non ? »

Il s'agit d'une interrogative averbiale composée d'un adverbe interrogatif et d'un adverbe qui joue le rôle de « mot-phase ».

En effet, une phrase ne contient pas nécessairement de verbe. En voici la définition : une phrase est une suite de mots qui commence par une majuscule, finit par un point (qui peut être un point d'interrogation ou d'exclamation, ou des points de suspension) et qui a du sens. « Pourquoi non ? » est donc bien une phrase.

EXPLICATION LINÉAIRE 2

« La Laitière et le Pot au lait », VII, 10, v. 7-38

[…] Notre Laitière ainsi troussée[1]
Comptait déjà dans sa pensée
Tout le prix de son lait ; en employait l'argent,
Achetait un cent[2] d'œufs, faisait triple couvée ;
La chose allait à bien par son soin diligent[3].
« Il m'est, disait-elle, facile
D'élever des poulets autour de ma maison :
Le Renard sera bien habile,
S'il ne m'en laisse assez pour avoir un cochon.
Le porc à s'engraisser coûtera peu de son ;
Il était, quand je l'eus, de grosseur raisonnable ;
J'aurai, le revendant, de l'argent bel et bon.
Et qui m'empêchera de mettre en notre étable,
Vu le prix dont il est, une vache et son veau,
Que je verrai sauter au milieu du troupeau ? »
Perrette là-dessus saute aussi, transportée.
Le lait tombe : adieu veau, vache, cochon, couvée.
La dame de ces biens, quittant d'un œil marri[4]
Sa fortune ainsi répandue,
Va s'excuser à son mari,
En grand danger d'être battue.
Le récit en farce[5] en fut fait :
On l'appela *le Pot au lait*.

Quel esprit ne bat la campagne[6] ?
Qui ne fait châteaux en Espagne ?
Picrochole[7], Pyrrhus[8], la Laitière, enfin tous,
Autant les sages que les fous ?
Chacun songe en veillant ; il n'est rien de plus doux ;
Une flatteuse erreur emporte alors nos âmes :
Tout le bien du monde est à nous,
Tous les honneurs, toutes les femmes. […]

1. Vêtue.
2. Une centaine.
3. Appliqué, attentif.
4. Désolé.
5. Petite comédie.
6. Au sens figuré : divague.
7. Personnage du roman de Rabelais *Gargantua*, qui rêve de conquêtes.
8. Ambitieux roi grec du IIIe siècle avant J.-C. qui conquit la Macédoine avant d'échouer face aux Romains.

Objectif BAC

A Présentation du passage et projet de lecture

• **Présentation du contexte biographique.** Voir pages 4 à 5.

• **Présentation du contexte littéraire et culturel.** Voir pages 6 à 10.

• **Présentation du passage.** Nous étudions les vers 7 à 37 de la fable « Le Laitière et le Pot au lait » (VII, 10). Après une description évocatrice de la Laitière, le fabuliste nous plonge dans ses pensées. La jeune femme songe en marchant et finit par casser le pot au lait qu'elle portait et qui était à l'origine de ses rêveries ambitieuses. La Fontaine ne condamne pourtant pas la rêverie comme on aurait pu s'y attendre.

• **Lecture**

• **Exposé de la problématique.** Comment La Fontaine interroge-t-il le lecteur sur les dangers et les charmes de l'imagination ?

B Analyse linéaire

→ Premier mouvement

Vers 7 à 11 : Une Laitière ambitieuse

Notre Laitière ainsi troussée
Comptait déjà dans sa pensée
Tout le prix de son lait, en employait l'argent,
Achetait un cent d'œufs, faisait triple couvée ;
La chose allait à bien par son soin diligent.

• Le déterminant « Notre » établit un lien de connivence entre le lecteur et le fabuliste lui-même. Il établit également une transition avec la description qui précède.

• La Fontaine a soigneusement décrit la jeune femme. Contrairement aux fables d'Ésope qui sont très brèves et toutes entières au service de la morale, les fables de La Fontaine comprennent des descriptions détaillées. Il s'agit d'aider le lecteur à imaginer les personnages et d'accorder une place importante au récit.

Lecture à voix haute

Le groupe nominal « tout le prix de son lait » est COD de « comptait ». Pour marquer l'enjambement, il ne faut pas marquer de pause à la fin du vers.

L'oral

- Le champ lexical de l'argent souligne l'apparent pragmatisme de la laitière qui pense à ses transactions commerciales.
- « Comptait déjà dans sa pensée / Tout le prix de son lait » : l'enjambement traduit l'enthousiasme de la Laitière.
- L'énumération des verbes expose l'entrain de la laitière. On passe donc d'une jeune femme pragmatique à une jeune femme emportée qui ne perçoit ni les limites ni les obstacles à ses rêves d'enrichissement. Dans cette perspective, on peut aussi relever l'hyperbole « triple couvée ».
- Avec le mot « bien » mis en valeur à la césure, la Laitière n'envisage pas d'échec à son rêve.
- Par le biais d'un discours narrativisé, le fabuliste met en scène une Laitière dont les pensées, qui auraient pu paraître pratiques et efficaces, se révèlent excessives.

Discours narrativisé

Dans un récit, le narrateur rapporte les paroles d'un personnage en les racontant et en les résumant : au lecteur d'imaginer les paroles prononcées.

→ Deuxième mouvement

Vers 12 à 21 : La rêverie de la Laitière

« Il m'est, disait-elle, facile
D'élever des poulets autour de ma maison :
Le Renard sera bien habile,
S'il ne m'en laisse assez pour avoir un cochon.
Le porc à s'engraisser coûtera peu de son ;
Il était quand je l'eus de grosseur raisonnable ;
J'aurai le revendant de l'argent bel et bon ;
Et qui m'empêchera de mettre en notre étable,
Vu le prix dont il est, une vache et son veau,
Que je verrai sauter au milieu du troupeau ? »

Lecture à voix haute

Notez bien le passage au discours direct : « jouez » ce texte, comme au théâtre.

- La proposition en incise montre le passage du discours narrativisé au discours direct. Le lecteur est désormais directement plongé dans les pensées de la Laitière. Le recours à l'octosyllabe souligne également la transition.
- Le mot « facile » est isolé du reste de la phrase. Cela souligne la confiance de la Laitière dans ses capacités.
- Grâce à ses capacités, elle envisage un enrichissement rapide signifié par une gradation. Un pot au lait lui permettrait donc d'acheter une vache. Rapprocher le début du raisonnement de sa conclusion permet de prendre conscience de ce que la rêverie a d'improbable et de démesuré.

Une gradation

Une gradation est une énumération qui consiste à présenter les éléments successifs dans un ordre croissant ou décroissant.

Objectif BAC

- « le Renard » : la Laitière semble raisonnable parce qu'elle évoque différents obstacles, mais en réalité, elle n'en prend pas la mesure. Cela se lit dans son assurance qui s'exprime par l'emploi du futur de certitude (« j'aurai ») et la question rhétorique (« Et qui m'empêchera [...] »).
- On pourrait croire que la Laitière a un esprit pratique. Elle a conscience qu'il faut réduire les coûts (« peu de son ») pour augmenter les profits (« argent bel et bon »). Les deux expressions sont à la rime pour montrer qu'elles sont liées. Mais en réalité, la Laitière, qui a compris sans doute le principe de l'enrichissement, se trompe dans les prémisses. Elle n'a pas les fondements matériels d'une telle richesse.
- La Laitière parle au passé de ce dont elle rêve. Elle fait comme si son rêve était déjà réalisé.
- Perrette rêve de s'enrichir grâce à la vente de son lait. Dans son enthousiasme, elle balaie d'un revers de la main les obstacles auxquels elle pourrait se heurter. Elle finit par considérer son rêve comme déjà réalisé. Elle confond la réalité et la fiction, et son imagination la pousse à envisager une réussite démesurée.

→ Troisième mouvement

Vers 22 à 29 : La chute

Perrette là-dessus saute aussi, transportée.
Le lait tombe ; adieu veau, vache, cochon, couvée ;
La Dame de ces biens, quittant d'un œil marri
Sa fortune ainsi répandue,
Va s'excuser à son mari
En grand danger d'être battue.
Le récit en farce en fut fait ;
On l'appela *le Pot au lait*.

Lecture à voix haute

Au premier vers de ce passage, le ton de votre voix doit traduire l'enthousiasme de Perrette.

Lecture à voix haute

Il faut faire entendre que les deux derniers vers ne relèvent plus du récit mais du commentaire.

- Mis en valeur à la césure, « saute », rebondit sur le verbe déjà présent au vers précédent. On voit bien le passage de la fiction dans laquelle les animaux sautent et les obstacles s'écartent comme par miracle à la réalité. Après les écarts temporels de la rêverie, le présent de narration de « saute » et « tombe » ramène la Laitière et le lecteur à la réalité.
- Le participe passé « transportée » est mis en évidence par sa place dans le vers. Il s'agit de souligner l'enthousiasme excessif de Perrette.
- L'énumération reprend les gains rêvés par Perrette mais selon un ordre inversé, mimant une sorte de retour en arrière vers la réalité.
- Le titre « Dame » et la majuscule suggèrent l'orgueil et l'ambition de la Laitière, qui n'est pas encore tout à fait une dame. « Sa fortune » rappelle que le point de départ de la rêverie qui devait conduire à la « fortune » était un simple pot de lait. Non seulement la rêverie ne s'est pas concrétisée mais la situation de la Laitière a empiré. Si elle n'était pas perdue dans ses pensées, elle aurait sans doute évité de sauter. La rêverie n'est donc pas seulement ridicule ou inutile, ce que suggère le terme de « farce » au vers suivant : elle est dangereuse.
- La Laitière revient à la réalité après sa rêverie et ce retour est douloureux : non seulement elle n'a aucun des biens qu'elle avait rêvé d'acquérir mais elle a même perdu le peu qu'elle avait. On pense donc que le fabuliste va condamner l'imagination.

→ Quatrième mouvement

Vers 30 à 37 : Une morale surprenante

Lecture à voix haute

Entraînez-vous à lire les noms propres.

Quel esprit ne bat la campagne ?
Qui ne fait châteaux en Espagne ?
Picrochole, Pyrrhus, la Laitière, enfin tous,
Autant les sages que les fous ?
Chacun songe en veillant, il n'est rien de plus doux :
Une flatteuse erreur emporte alors nos âmes :
Tout le bien du monde est à nous,
Tous les honneurs, toutes les femmes.

Attention à la syntaxe

Il y a une série de trois interrogations rhétoriques importantes, qui soulignent le propos du fabuliste tout en invitant le lecteur à la réflexion.

- La Fontaine surprend le lecteur. On attendait une condamnation de la Laitière et de la rêverie, on a au contraire une invitation à prendre conscience de notre ressemblance avec elle. « bat la campagne » est une expression figée figurée, comme « châteaux en Espagne » : l'utilisation de ces expressions toutes faites montre d'ailleurs à quel point la rêverie est générale. Elle est si répandue qu'on a inventé toute une série de formulations pour la décrire. La Laitière n'est pas seule dans sa situation. La série de trois questions rhétoriques a à la fois pour but de montrer l'évidence des propos du moraliste, mais aussi de faire réfléchir le lecteur qui s'était précipité à condamner Perrette.
- « Picrochole, Pyrrhus, la Laitière » : cette énumération synthétisée dans « tous » à la fin du vers montre à quel point la rêverie est répandue. Elle touche des personnages de fiction (Picrochole) et des personnages historiques (Pyrrhus) ainsi que des gens simples (la Laitière). La Fontaine répond par avance à une objection que l'on pourrait lui faire. Il n'y a pas que les fous qui rêvent mais bien tout le monde. La Fontaine reprend avec le pronom indéfini « Chacun » et le présent de vérité générale « songe » ce qu'il a affirmé dans les quatre vers précédents. La rêverie fait partie de l'homme. Il ne convient donc pas de la blâmer. Il ne donne pas de leçon, ne met pas son récit au service d'une condamnation morale. Il n'est pas contempteur mais plutôt observateur, et se penche avec lucidité sur la nature humaine.
- Il ne s'agit pas seulement d'observer un défaut. Les hyperboles soulignent le plaisir de la rêverie. Il y a ici une idée supplémentaire : non seulement il faut prendre conscience que nous rêvons tous mais en plus nous y prenons plaisir.

Des expressions proverbiales

La portée morale des fables implique une généralisation qu'on trouve aussi dans les expressions proverbiales : des expressions figées et anciennes qui énoncent une vérité communément admise (même si certains proverbes en contredisent d'autres).

- La rêverie « flatte » notre-amour propre en nous peignant plus riche (« Tout le bien du monde est à nous »), plus puissant (« Tous les honneurs »), plus séduisant (« toutes les femmes »).

La leçon de la fable n'est pas explicite. Le lecteur est amené à mener sa propre réflexion, à développer une pensée personnelle. Le moraliste, observateur de la nature humaine, note que la rêverie est le fait de chacun d'entre nous. De plus, le récit a rappelé au fabuliste comme au lecteur que même si la rêverie est dangereuse, elle est très agréable. La Fontaine ne juge pas, il observe avec lucidité.

Conclusion

La fable « La Laitière et le Pot au lait » surprend le lecteur alors qu'elle est très connue. En effet, sa réussite repose sur un dialogue habile entre le récit et la morale. Le récit, plein d'imagination, semble condamner la rêverie, alors que la morale la regarde avec une bienveillance amusée, célébrant le plaisir qu'elle procure.

C Question de grammaire

Commentez la construction du vers 30 :
« Quel esprit ne bat la campagne ? ».

Il s'agit d'une question rhétorique. C'est une interrogation partielle, portée par le déterminant interrogatif « quel ». De plus, on observe une négation avec l'adverbe de négation « ne ». La phrase est dite interronégative.

Objectif BAC

EXPLICATION LINÉAIRE 3

« Le Pouvoir des fables », VIII, 4, v. 34-64

[…] Dans Athène autrefois peuple vain et léger,
Un Orateur, voyant sa patrie en danger,
Courut à la tribune ; et d'un art tyrannique,
Voulant forcer les cœurs dans une république,
Il parla fortement sur le commun salut.
On ne l'écoutait pas : l'Orateur recourut
À ces figures[1] violentes,
Qui savent exciter les âmes les plus lentes.
Il fit parler les morts[2], tonna, dit ce qu'il put.
Le vent emporta tout ; personne ne s'émut.
L'animal aux têtes frivoles,
Étant fait à ces traits[3], ne daignait l'écouter.
Tous regardaient ailleurs : il en vit s'arrêter
À des combats d'enfants, et point à ses paroles.
Que fit le harangueur[4] ? Il prit un autre tour.
« Cérès[5], commença-t-il, faisait voyage un jour
Avec l'Anguille et l'Hirondelle.
Un fleuve les arrête, et l'Anguille en nageant,
Comme l'Hirondelle en volant,
Le traversa bientôt. » L'assemblée à l'instant
Cria tout d'une voix : « Et Cérès, que fit-elle ?
— Ce qu'elle fit ? un prompt courroux
L'anima d'abord contre vous.
Quoi ! de contes d'enfants son peuple s'embarrasse !
Et du péril qui le menace
Lui seul entre les Grecs il néglige l'effet !
Que ne demandez-vous ce que Philippe[6] fait ? »
À ce reproche l'assemblée
Par l'apologue[7] réveillée
Se donne entière à l'Orateur :
Un trait de fable en eut l'honneur.

1. Figures de style.
2. Il s'agit d'une figure de rhétorique, la prosopopée (voir p. 89).
3. Ces attitudes, ce type d'éloquence.
4. Orateur.
5. Déesse de moisson et de la fertilité dans la mythologie romaine (on la nomme Déméter dans la mythologie grecque).
6. Philippe II de Macédoine qui soumit Athènes.
7. La fable.

L'oral

A Présentation du passage et projet de lecture

- **Présentation du contexte biographique.** Voir pages 4 à 5.
- **Présentation du contexte historique et culturel.** Voir pages 6 à 10.
- **Présentation du passage.** Nous étudions les vers 34 à 64 de la fable « Le Pouvoir des fables » (VIII, 4). Les trois-trois premiers vers sont adressés à Monsieur de Barillon : La Fontaine lui demande de préserver la France de nouvelles guerres, en particulier contre l'Angleterre (« Mais empêchez qu'on ne nous mette / Toute l'Europe sur les bras »). On peut donc être surpris que son récit mette en scène un orateur qui veut au contraire persuader le peuple athénien de prendre les armes. Le fabuliste se plaît à ces effets de surprise pour que le lecteur reste sur le qui-vive.
- **Lecture**
- **Exposé de la problématique.** Quel est le pouvoir des fables selon La Fontaine ?

B Analyse linéaire

→ Premier mouvement

Vers 34 à 42

> **Lecture à voix haute**
>
> Attention ! La Fontaine a enlevé le « -s » à la fin de Athènes pour éviter la liaison qui entraînerait une treizième syllabe.

> **Lecture à voix haute**
>
> « À ces figu-res vi-olentes » N'oubliez pas de prononcer le « e » muet. Il faut une diérèse pour que le vers soit bien un octosyllabe.

Dans Athène autrefois peuple vain et léger,
Un Orateur voyant sa patrie en danger,
Courut à la Tribune ; et d'un art tyrannique,
Voulant forcer les cœurs dans une république,
Il parla fortement sur le commun salut.
On ne l'écoutait pas : l'Orateur recourut
    À ces figures violentes
Qui savent exciter les âmes les plus lentes.
Il fit parler les morts, tonna, dit ce qu'il put.

- Le poète pose le cadre de la fable, différent de celui de l'adresse à Monsieur de Barillon. La Fontaine fait ici allusion à Démosthène, qui mit en garde les Athéniens contre les guerres menées par Philippe II, roi de Macédoine, qui mettaient la « patrie en danger ».

- La Fontaine condamne souvent le peuple en tant que groupe. (« Que j'ai toujours haï les pensers du vulgaire », dans « Démocrite et les Abdéritains », VIII, 26). La rime « léger » / « danger » souligne le contraste entre la situation dans laquelle se trouvent les Athéniens et le manque d'intérêt qu'ils lui portent. L'emploi du passé simple « Courut » en début de vers met au contraire en évidence l'urgence qui anime l'orateur qui a pleinement conscience du danger.

- L'Orateur veut contraindre la foule à prendre les armes pour résister à Philippe de Macédoine. La rime « tyrannique » / « république » souligne qu'il ne s'agit en aucun cas de faire réfléchir la foule pour l'amener à prendre une décision mais de la persuader d'agir. On perçoit d'ores et déjà une critique de l'éloquence par La Fontaine.

- L'Orateur cherche à convaincre la foule. Il avance un argument. C'est parce que la patrie est menacée qu'elle doit réagir. Malgré les efforts de l'Orateur, la foule reste indifférente. L'emploi du pronom indéfini « on » révèle l'unanimité de la réaction de la foule. Si l'art de convaincre échoue, il convient de recourir à l'art de persuader.

- L'éloquence est un art véhément : le champ lexical de la violence est mis en valeur par la diérèse et la brièveté du vers, « tonna ». L'accumulation des trois verbes « fit », « tonna », « dit » manifeste le déploiement d'énergie du « harangueur », qui emploie des prosopopées et d'autres figures de rhétoriques.

- La Fontaine s'inspire de l'histoire de l'Orateur Démosthène et compose un récit autour d'un Orateur dont les arguments et les procédés de persuasion laissent la foule indifférente, alors même que le danger est imminent.

Une prosopopée

C'est une figure de style qui consiste à faire parler un mort, un animal une chose.

→ Deuxième mouvement

Vers 43 à 48

Le vent emporta tout ; personne ne s'émut.
L'animal aux têtes frivoles
Étant fait à ces traits, ne daignait l'écouter.
Tous regardaient ailleurs : il en vit s'arrêter
À des combats d'enfants, et point à ses paroles.
Que fit le harangueur ? Il prit un autre tour.

- Le vers 43 ne fait que confirmer et reprendre ce que l'on a pu observer dans le mouvement précédent. « Le vent » fait écho à la description du peuple, « vain et léger ». Le contraste entre les deux pronoms indéfinis à césure ne laisse aucune chance à l'Orateur. La foule n'est pas plus sensible à l'art de convaincre qu'à l'art de persuader, induit par l'emploi du verbe « émut ». Il ne s'agit plus de raisonner avec des arguments, mais d'agir sur les sentiments.
- L'allégorie a une valeur péjorative. Il s'agit de condamner la foule. La Fontaine évoque l'habitude (« étant fait à ces traits ») pour justifier son indifférence au discours. Parce que les Athéniens vivent dans une république où les discours sont nombreux, ils n'ont plus guère de sensibilité à l'art de la parole.
- On observe deux champs lexicaux antithétiques. La foule n'est plus sensible à ce qu'elle entend. En revanche, elle est attirée par des spectacles. Elle aime regarder. Cela annonce le changement de stratégie de l'Orateur qui va lui faire imaginer un spectacle grâce au récit.
- Il est étonnant que la foule refuse de s'intéresser à la guerre mais qu'elle soit attirée par des jeux « d'enfants ». Cela montre sa naïveté et son manque de lucidité.
- Ce deuxième mouvement confirme la condamnation de la foule qui réagit comme un enfant et qui préfère regarder qu'écouter. Le vers de transition annonce la suite du récit.

→ Troisième mouvement

Vers 49 à 53

« Cérès, commença-t-il, faisait voyage un jour
Avec l'Anguille et l'Hirondelle :
Un fleuve les arrête ; et l'Anguille en nageant,
Comme l'Hirondelle en volant,
Le traversa bientôt. »

- Le verbe de parole en incise introduit un discours au style direct.
- Les personnages ne sont plus les mêmes : les humains sont remplacés par un personnage mythologique, Cérès, et deux animaux, dont la majuscule suggère la dimension allégorique. Le récit de l'Orateur met donc en scène les personnages que l'on rencontre habituellement dans la fable. Le récit commence à l'imparfait (« faisait voyage ») et se poursuit au présent de narration (« arrête »). Cette intrusion du présent de narration dans un récit au passé pour rendre plus vivants et plus proches ses personnages est un procédé courant chez La Fontaine. De plus, le récit repose sur une alternance d'alexandrins et d'octosyllabes, hétérométrie qui est aussi une caractéristique de la fable. C'est donc bien une fable dans la fable que prononce l'Orateur.
- Le fleuve est l'élément perturbateur qui pourrait revêtir également une dimension symbolique. Le fleuve serait un obstacle à franchir. Mais les péripéties sont décevantes. Il n'y a aucun effet de surprise et l'obstacle est franchi rapidement (« bientôt »), sans rebondissement.
- L'Orateur commence à raconter une fable à la foule dont l'attention lui échappait.

➔ Quatrième mouvement

Vers 53 à 60

> **Lecture à voix haute**
>
> L'accumulation des signes de ponctuation expressive traduit l'indignation de l'Orateur : il faut la faire entendre !

L'assemblée à l'instant
Cria tout d'une voix : Et Cérès, que fit-elle ?
Ce qu'elle fit ? un prompt courroux
L'anima d'abord contre vous.
Quoi, de contes d'enfants son peuple s'embarrasse !
Et du péril qui le menace
Lui seul entre les Grecs il néglige l'effet !
Que ne demandez-vous ce que Philippe fait ?

- L'assemblée réagit aussitôt, comme le montrent l'enjambement et le passé simple. Elle est captée par le récit de l'Orateur dont les enjeux sont pourtant minimes.
- La question posée deux fois permet d'instaurer un dialogue entre l'assemblée et l'Orateur. Désormais le peuple athénien n'ignore donc plus l'Orateur qui s'adresse à elle.
- Au lieu de répondre aux Athéniens, le harangueur reprend leur question pour exprimer son indignation. Sa colère s'exprime dans les vers suivants grâce à la ponctuation expressive, deux exclamatives et une interrogative. Il s'en prend au peuple qui s'intéresse davantage à des spectacles sans enjeux (des « combats d'enfants », des « contes d'enfants ») qu'à un danger réel et imminent (« péril qui le menace », « ce que Philippe fait »).
- L'imagination, à laquelle l'Orateur fait appel grâce à son récit, à la vertu de capter l'attention fragile des auditeurs. Ils ne voulaient pas écouter, ni être contraints, mais ils sont désireux d'imaginer les aventures des personnages allégoriques mis en scène. Toutefois, ce goût pour les fictions montre ses limites.

➔ Cinquième mouvement

Vers 61 à 64

> **Lecture à voix haute**
>
> Il faut faire comprendre que le poète reprend la parole pour énoncer la moralité. Un silence doit précéder ce quatrain.

À ce reproche l'assemblée,
Par l'apologue réveillée,
Se donne entière à l'Orateur :
Un trait de fable en eut l'honneur.

- Alors que l'Orateur avait déployé une folle énergie à convaincre et persuader son auditoire, ce qui se lisait dans les longs alexandrins du premier mouvement, la foule se tourne beaucoup plus spontanément vers lui. Auparavant moquée, elle est devenue à la faveur de la fable une « assemblée », c'est-à-dire un groupe capable de réfléchir et de prendre des décisions. On note que l'apologue est évoqué dans un vers qui se situe entre celui consacré à l'assemblée et celui qui se termine sur la figure de l'Orateur. C'est l'apologue qui fait le lien entre l'assemblée et l'Orateur, dans un élan vertueux.

- La Fontaine ne recourt pas seulement à la fable pour capter l'attention des lecteurs, mais aussi pour l'amener à réfléchir. Le dernier vers de cet extrait est donc une moralité dont le sujet est la fable elle-même. Le fabuliste met en valeur « apologue » et « fable » en milieu de vers, soulignant ainsi leur importance.
- La Fontaine ne fait pas seulement de la fable un moyen de capter l'attention des lecteurs, qui, comme les enfants, ont du mal à concentrer leur attention sur des sujets sérieux. Les récits pleins d'imagination recèlent aussi une pensée : ici, l'efficacité de la fable.

Conclusion

À travers le personnage de l'Orateur qui peut évoquer Démosthène recourant à une fable d'Ésope, La Fontaine démontre les pouvoirs de la fable, qui capte l'attention des lecteurs mais transmet aussi un message. Toutefois, dans la confidence qui suit, La Fontaine ne revient pas sur la fable comme outil mais il montre que le récit a un charme en soi. La fable peut se mettre au service de la raison mais l'imagination suscite un « plaisir extrême », indépendamment des pensées qu'elle contribuerait à transmettre.

C Question de grammaire

Analysez la construction syntaxique des vers 58-59 :
« Et du péril qui le menace
Lui seul entre les Grecs il néglige l'effet ».

Le fait remarquable et l'antéposition du complément du nom « effet », composé du nom « péril », lui-même accompagné d'une relative « qui le menace ». Par ailleurs, le groupe nominal en apposition : « lui seul entre les Grecs » désigne le peuple, et se rapporte autant à « le » qu'à « il ».

3 L'entretien avec l'examinateur

Vous devez préparer votre entretien toute l'année. En effet, il se déroule en deux temps : tout d'abord vous présentez l'œuvre que vous avez retenue (3 minutes environ), ensuite, vous répondez aux questions de l'examinateur, sur l'œuvre, son contexte, l'objet d'étude dans lequel elle s'inscrit (5 minutes environ). Vous devez donc d'une part choisir une œuvre et en préparer une présentation, d'autre part, anticiper les questions de l'examinateur.

A Conseils pour présenter une œuvre

Vous avez le choix de l'œuvre que vous présenterez le jour de l'oral. Il faut donc bien préparer cette présentation, pour ne pas simplement résumer le livre (ce n'est pas ce que l'on vous demande !).

Voici une liste de rubriques que vous pouvez compléter pour préparer votre présentation.

- **Contexte général** : qui est l'auteur / à quelle époque a-t-il vécu / quels mouvements politiques, littéraires et intellectuels dominants ont marqué sa vie et sa production ?
- **L'œuvre dans son contexte** : dans quelles conditions l'œuvre a-t-elle été créée / comment a-t-elle été reçue lors de sa publication (polémiques, censure, accueil favorable…) / à quel genre ou sous-genre littéraire appartient-elle ?
- **L'œuvre en elle-même** : quels sont les thèmes principaux / les personnages essentiels / les enjeux de l'œuvre / son actualité ?
- **Votre lecture de l'œuvre** : quelles activités d'appropriation avez-vous faites autour de l'œuvre / quels sont les passages ou les personnages qui vous semblent les plus intéressants / pour quelles raisons / quels sentiments éprouvez-vous pour les personnages / avez-vous l'impression d'avoir « rencontré » l'auteur / de mieux le connaître / pourquoi et comment conseilleriez-vous de lire cette œuvre ?

Présenter les *Fables*

Le recueil des *Fables*, comme c'est le cas de la plupart des livres de l'objet d'étude « la poésie », ne peut être résumé. Pour le présenter, il faut donc avancer les éléments suivants :

Contexte historique et culturel : le règne de Louis XIV, la cour à Versailles, le classicisme.

Genèse du texte : on distingue les différents temps de l'écriture des *Fables* ; le premier recueil en 1668, le second recueil en 1678 et le livre XII en 1694.

Présentation de quelques-unes des principales thématiques : satire de la cour, réflexion sur l'honnête homme…

B Conseils pour exprimer et justifier un point de vue

→ Exprimer des émotions

• Après avoir présenté rapidement l'œuvre – il ne s'agit pas de réciter tout votre cours – vous devez exposer les raisons qui vous ont conduit à choisir *tel texte plutôt que tel autre* parmi les œuvres du programme et les lectures cursives choisies par votre professeur. Vous devez donc développer un avis argumenté.

• Puisqu'il s'agit d'affirmer un point de vue fondé sur le texte, vous devez employer la première personne et avoir recours à des verbes d'opinion.

→ Utiliser les verbes d'opinion

Vous devez nuancer votre propos, en utilisant des **modalisateurs** et des verbes **d'opinion**. Voici une liste non exhaustive des verbes que vous pouvez utiliser.

Je pense que…
Je crois que…
J'estime que…
Je trouve que…
J'imagine que…
Je suppose que…
Je me doute que…

Il me semble que…
Il m'apparaît que…
À mon avis…
D'après moi…
Selon moi…
J'ai le sentiment que…
J'ai l'impression que…

→ Justifier ses choix

Toutefois, si vous voulez partager votre avis sur la lecture des *Fables* et convaincre, il faut prendre des exemples précis. Il faut donc rester sur le fil entre subjectivité – ce qui relève de votre choix et de vos goûts – et objectivité – les preuves que vous apportez en vous appuyant sur les textes.

Pour présenter vos arguments et vos exemples, vous pourrez avoir recours aux formules suivantes :

> *Le fabuliste / La Fontaine / Le poète évoque / décrit / présente*
>
> *La fable / le poème / l'apologue met en valeur / met en relief / insiste sur / souligne*

C Exemples de questions et éléments de réponses possibles

→ Comprendre les attendus de l'examen

Sur cette dernière partie de l'oral, on va évaluer votre capacité à dialoguer, à écouter la question, la comprendre, y apporter une réponse personnelle, nuancée, argumentée.

On mesurera aussi votre investissement personnel : vous avez choisi cette œuvre, vous devez donc montrer que vous avez fait un travail personnel de lecture, de recherche, d'analyse, que vous êtes en mesure de mobiliser pour répondre aux questions posées.

Ainsi, pour chaque question, l'examinateur attend une argumentation illustrée par des exemples, mais il valorise tout ce qui les dépasse et rend compte d'un enrichissement personnel.

→ Exemple de questions et d'éléments de réponse pour les *Fables*

1. Quelle image les *Fables* donnent-elles de la cour de Louis XIV ?

Cette question contraint à mobiliser des connaissances que vous trouverez dans le dossier sur l'œuvre, en particulier p. 25 dans la partie « La satire de la cour ».

À cela, vous choisirez un exemple personnel : une fable satirique que vous aimez bien (« La Cour du Lion », « Les Obsèques de la Lionne »...) et dont vous présenterez une analyse brève mais précise.

Le +

Pourquoi ne pas apporter une touche personnelle en vous rendant à Versailles par vous-même, ou en regardant un film qui met en scène la cour et Louis XIV à Versailles, comme *Le Roi danse*, *L'Allée du Roi*, ou *Ridicule* ?

2. Quelle est votre fable préférée ?

On attend que vous soyez capable de défendre votre opinion en vous appuyant sur le sens de la fable mais aussi sur sa forme.

Le +

On appréciera que vous montriez votre goût en citant quelques vers de la fable qui a le plus retenu votre attention. Il serait judicieux, si vous présentez un recueil de poésie, d'en connaître quelques-unes par cœur : votre discours sera beaucoup plus convaincant que si vous devez rechercher les exemples dans le texte.

3. Les *Fables* vous semblent-elles encore d'actualité ?

On ne peut pas d'emblée se placer dans l'actualité. Il faut d'abord envisager les éléments qui rattachent les fables au XVIIe siècle : les références à la vie politique du temps de La Fontaine, par exemple. Cela permet de détacher dans un second temps les éléments qui semblent au contraire atemporels, comme le regard très lucide du fabuliste sur la nature humaine, la manière dont il dénonce certains travers de la société comme l'injustice de la justice ou encore.

Vous devez avancer un exemple précis pour illustrer chaque argument. Un commentaire de la fable « Le Rat qui s'est retiré du monde » permet de décoder les allusions, difficilement compréhensibles aujourd'hui, à la vie politique du XVIIe siècle ; « Les Animaux malades de la peste » restent aujourd'hui un apologue puissant pour dénoncer l'iniquité de la justice…)

Le +

Vous pouvez évoquer un fait d'actualité, un roman ou un film qui traite d'un sujet similaire à l'un de ceux évoqués dans les *Fables* – une injustice flagrante par exemple, comme dans « Les Animaux malades de la Peste ». À l'inverse, vous pouvez lire et citer des textes de moralistes contemporains de La Fontaine pour montrer comment sa réflexion s'inscrit dans une époque : vous soulignerez les parentés entre les *Fables* et *Les Caractères* de La Bruyère ou les *Maximes* de La Rochefoucauld.

Lexique

Allégorie : figure de style qui consiste à représenter une réalité ou une idée abstraite sous une forme concrète. Le serpent, par exemple, est souvent retenu comme une allégorie du mal ou de la tentation, en référence à l'Ancien testament.

Anciens : menés par Nicolas Boileau, ces écrivains placent l'Antiquité au-dessus de tout. Ils estiment que les artistes doivent imiter ceux de l'Antiquité.

Antithèse : figure de style qui consiste à opposer deux termes ou deux idées. Dans un texte, une antithèse est souvent caractérisée par deux champs lexicaux qui s'opposent.

Apologue : court récit allégorique à visée morale. Le terme peut être employé comme un synonyme de fable.

Argument : idée avancée pour étayer une thèse, une bonne raison de croire à la thèse. Un argument d'autorité est attribué à une personne dont l'autorité est reconnue de tous, en raison de ses qualités, de son savoir, de son statut, de sa position sociale.

Blâme : portrait dépréciatif.

Caricature : portrait qui grossit les défauts de manière à susciter un rire moqueur.

Conte : récit qui met souvent en scène des personnages merveilleux, dans un cadre spatio-temporel très vague, et dont l'issue est le plus souvent heureuse.

Conte philosophique : conte qui met en scène un personnage à qui il arrive des aventures peu vraisemblables, et dont le but est de critiquer la société de l'auteur et de défendre des idées philosophiques.

Délibérer : discuter à plusieurs pour prendre la meilleure décision possible.

Éloge : description méliorative ou portrait laudatif.

Essai : œuvre argumentative en prose.

Exemple : cas particulier qui illustre un argument, qui rend un argument plus convaincant.

Fable : apologue en vers.

Ironie : discours qui consiste à faire entendre le contraire de ce que l'on dit ; ce procédé, souvent comique, établit une complicité entre le locuteur et le lecteur, aux dépens de la personne à laquelle s'adressent les propos ironiques.

Jansénisme : courant religieux, philosophique et politique qui s'appuie sur un christianisme rigoureux, inspiré d'une relecture des textes de saint Augustin (354-430). Pour les jansénistes, seule la grâce divine pourrait assurer le salut de l'homme, dont la nature serait définitivement entachée par le péché originel. Des auteurs comme Pascal, Racine et La Rochefoucauld sont marqués par ce courant de pensée. La Fontaine sera proche des jansénistes à la fin de sa vie.

Modernes : groupe d'artistes du XVIIe siècle menés par Charles Perrault, et pour qui les écrivains de leur époque étaient capables d'égaler, voire de surpasser les auteurs de l'Antiquité.

Pamphlet : écrit bref et virulent qui critique violemment quelque chose ou quelqu'un.

Pastorale (poésie) : littérature très en vogue au XVIe et XVIIe siècle qui mettait en scène des bergers et des bergères dans un monde rustique idéalisé.

Persuader : chercher à emporter l'adhésion de son interlocuteur ou de son auditoire en ayant recours aux émotions plutôt qu'à des arguments logiques qui font davantage appel à la raison.

Plaidoirie : dans un procès, exposé des faits pour défendre le point de vue de l'une des parties. On distingue la plaidoirie de la défense – celle de l'avocat de l'accusé – de celle de l'accusation, le réquisitoire.

Raisonnement : il existe différents types de raisonnements. On distingue le **raisonnement inductif**, qui va du particulier au général, du **raisonnement déductif**, qui va du général au particulier. Le **raisonnement par analogie** repose sur une comparaison. Les **raisonnements par l'absurde** montrent que le raisonnement contraire est faux. Le **raisonnement concessif** reconnaît une part de justesse dans le raisonnement de l'adversaire pour mieux le critiquer ensuite.

Récit enchâssé : récit secondaire qui s'intègre dans la progression d'un récit cadre ou récit enchâssant.

Satire : portrait moqueur et méprisant d'un groupe d'individus ou d'une société.

Thème : sujet d'un texte.

Thèse : opinion du locuteur sur le thème.

Traité : démonstration rigoureuse qui met en évidence la validité d'une thèse.

Utopie : récit qui décrit un monde imaginaire, clos, et qui met en évidence un système politique et social idéal. Il s'agit de proposer un monde parfait, et généralement de critiquer celui dans lequel on vit.

Réponses aux Quiz

p. 5 **1.** Nicolas Fouquet. **2.** Parce qu'il le soupçonnait de vouloir devenir premier ministre ; or, Louis XIV entend gouverner seul. **3.** 1668 pour le premier recueil ; 1678 pour le second. **4.** À madame de Montespan, favorite du Roi.

p. 7 **1.** La Fronde est un mouvement de rébellion des parlementaires puis des nobles qui s'insurgent contre l'absolutisme royal et l'augmentation des impôts. Ils profitent de la fragilité de la monarchie pendant la régence d'Anne d'Autriche pour s'en prendre au pouvoir monarchique. **2.** La cour s'installe à Versailles en 1682. **3.** Colbert. **4.** Suite à la révocation de l'Édit de Nantes, le culte protestant est interdit en France et un certain nombre de protestants vont s'installer dans des pays voisins de la France où ils peuvent exercer librement leur religion. Cela affaiblit le pays économiquement et intellectuellement.

p. 9 **1.** Une œuvre classique a pour but de plaire et instruire. **2.** Elle repose sur la vraisemblance (une exigence esthétique) et la bienséance (une exigence morale). **3.** Des Anciens : La Bruyère, Boileau, Racine… Des Modernes : Perrault, Molière…

p. 13 **1.** La Fontaine, en tant que défenseur des Anciens, traduit des fables de l'Antiquité. Mais il contribue également du travail des moralistes qui recourent à l'apologue pour instruire les hommes. **2.** La plupart des fables qu'apprennent les enfants – « La Cigale et la Fourmi », « Le Corbeau et le Renard », « Le Loup et l'Agneau »… – appartiennent au premier recueil. Les fables de ce premier recueil étaient destinées au Dauphin, un enfant. Elles sont donc souvent plus courtes et plus simples que celles du second recueil. **3.** L'imagination est associée à « image » : c'est donc la faculté de se représenter des images, soit en recréant des images d'objets que l'on a déjà vus, soit en fabriquant des images d'objets que l'on ne connaît pas ou qui n'existent pas. **4.** L'imagination s'oppose parfois à la pensée parce qu'elle n'est pas rationnelle. On peut associer des images sans limite, sans raison, sans logique.

p. 19 **1.** On peut voir apparaître des apologues enchâssés dans plusieurs fables : « Le Berger et le Roi » (c'est l'Ermite qui raconte un apologue au Berger pour le mettre en garde contre les dangers de la cour) ; « Le Pouvoir des fables » (l'Orateur raconte un apologue à la foule pour capter son attention) ; « Le Bassa et le Marchand » (le Bassa raconte un apologue au marchand pour lui montrer qu'il ne gagne rien à remplacer une protection efficace mais coûteuse par une protection moins onéreuse mais moins efficace). **2.** Il y a plusieurs formes de discours rapporté dans « Le Coche et la Mouche » : v. 17-19 : discours indirect ; v. 20-23 : discours indirect libre ;

v. 26-28 : discours direct. **3.** Le poète intervient directement dans ses fables. Tantôt, il s'agit de faire des confidences à son lecteur : il paraît ainsi plus humain (« J'ai quelquefois aimé », *in* « Les deux Pigeons »). Tantôt, il intervient en moraliste pour montrer que le sujet lui tient particulièrement à cœur et qu'il veut s'impliquer directement (« Fureur d'accumuler [...] / Te combattrai-je en vain sans cesse en cet ouvrage », *in* « Le Loup et le Chasseur »).

p. 20 **1.** « Selon que vous serez puissant ou misérable, / Les jugements de cour vous rendront blanc ou noir » (« Les Animaux malades de la peste »). **2.** Dans certains cas, La Fontaine ne dévoile pas explicitement le sens moral de ses fables : soit il s'en tient au récit (« Le Savetier et le Financier ») soit il interroge le lecteur (« Que t'en semble lecteur », « Les deux Amis »). C'est donc au lecteur de réfléchir et de formuler lui-même la leçon de la fable. **3.** La morale des « Obsèques de la Lionne » est explicite : « Amusez les rois par des songes, / Flattez-les, payez-les d'agréables mensonges ». On peut considérer cette morale comme immorale puisqu'elle encourage le lecteur à être hypocrite et manipulateur.

p. 22 **1.** Dans « Les Obsèques de la Lionne », La Fontaine utilise des alexandrins et des octosyllabes. On peut dire que l'alexandrin, vers noble par excellence, présent notamment dans la tragédie, est employé pour faire parler le roi ou la reine. Le roi ne recourt à l'octosyllabe que pour donner des ordres. Le vers bref traduit alors sa colère (« venez, Loups, / Vengez la Reine, immolez tous / Ce traître à ses augustes mânes »). Le Cerf, quant à lui, flatte le monarque et emploie l'alexandrin pour s'adresser à lui ou pour rapporter les paroles de la reine. Il ne recourt à l'octosyllabe que pour parler de lui (« Tout près d'ici m'est apparue / Et je l'ai d'abord reconnue »). L'octosyllabe met donc en scène l'humilité du Cerf qui se met au service de la grandeur royale. **2.** Au début de la fable « Démocrite et les Abdéritains », La Fontaine emploie un registre polémique : la violence du vocabulaire (« haï », « profane, injuste et téméraire »), la ponctuation expressive (« Que j'ai toujours haï les pensers du vulgaire ! ») traduisent la colère du fabuliste.

p. 23 **1.** Le Singe et le Léopard, qui donnent leur nom à une fable (IX, 3) mais aussi l'Éléphant (« Le Rat et l'Éléphant ») sont des animaux rares. **2.** En revanche, les « deux coqs » qui se battent pour une poule (« Les Deux Coqs ») sont des animaux de basse-cour que l'on peut aisément observer quand on vit à la campagne. **3.** Si La Fontaine « se ser[t] d'animaux pour instruire les hommes », toutes ses fables ne mettent pourtant pas en scène des animaux : « Le Cierge » met ainsi en scène un objet inanimé.

p. 24 **1.** Le Berger dans la fable « Le Berger et le Roi » fait preuve d'ambition mais il renonce finalement à la cour et à ses fastes. **2.** La Fontaine montre souvent comment l'orgueil rend ridicule : on peut songer à « La Tortue et les deux Canards » ou à la fable « Les deux Coqs ».

p. 25 **1.** « Démocrite et les Abdéritains » (VIII, 26). **2.** « Le Loup et le Chasseur » (VIII, 27). **3.** « Rien de trop » (IX, 11).

p. 26 **1.** Le Cerf flatte le roi en improvisant un discours que lui aurait adressé la reine depuis les « Champs-Élysiens ». **2.** Dans « La Cour du Lion », le Lion se montre cruel puisqu'il est semblable à Caligula, susceptible puisqu'il n'accepte pas la moindre remarque, et naïf puisqu'il accepte la réponse de normand du Renard. **3.** Jupiter pourrait incarner Louis XIV qui épargne ses sujets (« Tout père frappe à côté »). Les ministres au contraire sont plus violents et se plaignent de son indulgence.

p. 27 **1.** Dans la dédicace à Madame de Montespan, La Fontaine présente l'apologue comme un don divin (« L'apologue est un don qui vient des Immortels »). Il a surtout d'après ce texte la capacité de capter l'attention de ceux qui écoutent (« C'est proprement un charme : il rend l'âme attentive, / Ou plutôt il la tient captive »). **2.** *Peau d'âne*, conte de Charles Perrault. **3.** L'imagination a une double fonction dans « Le Pouvoir des fables » : d'une part, elle capte l'attention du lecteur (« l'assemblée / Par l'apologue réveillée ») ; d'autre part, elle charme et produit du plaisir (« plaisir extrême »).

Crédits photographiques

Couverture : Jean de La Fontaine, « Le Lion s'en allant en guerre », gravure de Jean-Baptiste Oudry. © BIS / Ph. Coll. Archives Nathan.

p. 4 : Portrait de Jean de La Fontaine (1621-1695), par François de Troy, Bibliothèque publique universitaire, Genève. BIS / Ph. J. Arland © Archives Larbor.

Conception graphique intérieur et couverture : Élise Launay

Mise en pages : STDI

Fabrication : Camille Friquet

Édition : Claire Beilin-Bourgeois

Achevé d'imprimer en Italie en décembre 2019 par Bona
N° d'éditeur : 10259078 - Dépôt légal : Décembre 2019

FSC
www.fsc.org
MIXTE
Papier issu de sources responsables
FSC® C022030